Collection : Learning by doing, le monde sous toutes ses formes.

Un monde de données

Charles Perez
&
Karina Sokolova

Initiation sans prérequis au domaine de la donnée en entreprise.

TABLE DES MATIERES

1	CE QU'EST LA DONNEE	5
2	DECOUVRIR VOS DONNEES GOOGLE	11
3	L'INTERET D'UNE ANALYSE DE DONNEES	15
3.1	POURQUOI LA DONNEE	15
3.2	LE CAS NETFLIX	15
4	LES ETAPES D'UN PROJET D'ANALYSE	25
5	CATEGORISER LES DONNEES	31
6	BIG, SMART, OPEN DATA ?	35
6.1	BIG DATA	35
6.2	SMART DATA	37
6.3	OPEN DATA	38
7	INTELLIGENCE ARTIFICIELLE	41
7.1	ORIGINE ET DEFINITION DU TERME	41
7.2	LES TROIS NIVEAUX D'INTELLIGENCE	42
7.3	LA LOI DE MOORE ET DU RETOUR ACCELERE	44
7.4	INSPIRATIONS BIOLOGIQUES	45
8	INTRODUCTION A L'ANALYSE	53
8.1	STATISTIQUES DESCRIPTIVES	53
8.2	APPRENTISSAGE PAR LA MACHINE	55
8.3	SEGMENTATION	56
8.4	PREDICTION	66
9	METTRE EN PRATIQUE AVEC RAPIDMINER	73
9.1	PRISE EN MAIN ET STATISTIQUES DESCRIPTIVES	75
9.2	SEGMENTATION	77
9.3	PREDICTION	90
10	VISUALISATION & STORYTELLING	95
10.1	VISUALISATION	95

10.2 MANIPULATION DE LA CLARTE   103
10.3 DATA STORYTELLING   108
10.4 DASHBOARD INTERACTIFS AVEC TABLEAU
SOFTWARE   113
10.5 CHALLENGE DATA VISUALISATION   114
10.6 MISE EN PRATIQUE   121

11 PROJET   127

12 MOTS CROISÉS DE RÉVISION   129

1   CE QU'EST LA DONNEE

Le monde qui nous entoure offre une image de sa réalité au travers des données que l'on y capte. Par exemple, les stimuli sonores, visuels et olfactifs que traite notre cerveau nous permettent d'appréhender notre environnement.
De nos jours, les milliards d'appareils technologiques accompagnés de leurs dizaines de capteurs sondent les comportements, les évènements, notre environnement, notre planète et nous permettent un regard jamais égalé sur la nature des choses jusqu'à notre propre nature. La masse gigantesque de données digitalisées vient alimenter des projets de toute nature : l'analyse du comportement humain, l'origine de l'univers, la performance de nos systèmes, mais aussi les enjeux managériaux et la gouvernance stratégique. La **science des données** est la discipline permettant de couvrir les besoins d'analyse de données.

L'objectif de ce petit livret est de vous guider vers la découverte des outils, des enjeux, des difficultés et des bonnes pratiques de la discipline. Dans un premier temps, il couvrira les aspects théoriques de la donnée et le spectre des concepts environnants (Open data, Smart data, Big data). Dans un second temps, il abordera les étapes clés pour mener à bien un projet centré autour des données. Les phases de cadrage, de collecte et d'analyse seront abordées. À ce stade, la présentation d'approches de machine learning sera effectuée. Elles seront illustrées dans le cadre de la segmentation et de la prévention de la perte d'un client (churn).
Vous pourrez alors pratiquer l'analyse de données avec le logiciel Rapidminer.

 Action : Proposez une définition intuitive de ce qu'est pour vous la donnée.

Il est habituel de commettre l'erreur de définir la donnée comme étant de l'information. Cette affirmation n'est pas correcte. Réfléchissez maintenant aux deux termes et à leurs différences.

Donnée	Information

 Pour positionner les concepts de donnée, information, connaissance et sagesse. Le référentiel des bonnes pratiques du management du système d'information ITIL (Bibliothèque pour l'infrastructure des technologies de l'information) présente une comparaison s'appuyant sur deux dimensions clés, le **niveau de contexte** et le **niveau de compréhension** (voir Figure 1).

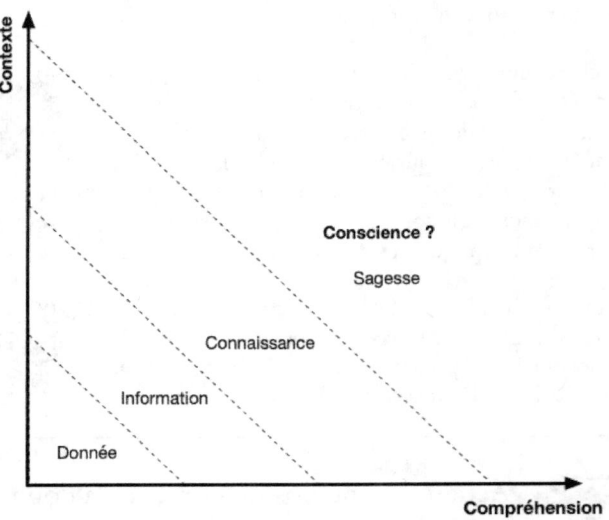

Figure 1 : Articulation entre les concepts de donnée, information, connaissance et sagesse.

Au plus bas des niveaux de compréhension et de contexte, **la donnée** est officiellement définie comme le résultat direct d'une mesure sans interprétation ni contexte. Toutes les prises de mesure numérisées sont considérées comme des données.

À un niveau plus élevé, **l'information** possède un élément de contexte supplémentaire à la donnée. On a l'habitude de l'indiquer par la formule :

Donnée + Contexte = Information

Exemple :

Le chiffre 1104000000 peut exprimer une mesure du temps tel que mémorisé par la machine et qui ne possède aucun contexte précis. Cependant, si l'analyste sait que ce chiffre correspond au nombre de secondes écoulées depuis la naissance d'un collaborateur de son entreprise, alors il pourra affirmer qu'il a

35 ans. Dans le premier cas, le nombre est la donnée, dans le second il est devenu information.

Le chercheur Scott Seaman articule les concepts de donnée, information et connaissance de la manière suivante : « La donnée est un fait quantifiable qui peut être mesuré à plusieurs reprises. L'information  est une collection organisée de données disparates. La connaissance est la somme des informations en concepts et règles qui peuvent expliquer les relations ou prédire les résultats. »

Pour une étude complète des subtilités entre les concepts, nous vous conseillons de lire l'article Conceptual Approaches for Defining Data, Information and Knowledge de Chaim Zins.

 Action : Jeu du post-it - En quoi la donnée peut-elle être utile dans le cadre du management ?

Indiquez vos idées et renseignez-les dans un tableau collaboratif (p.ex avec klaxoon, Miro)

Vous trouverez ci-dessous, quelques exemples de types de données rencontrées en entreprise :

- ☐ Données de transactions
- ☐ Ventes, livraisons
- ☐ Clients, produits, magasins, contenus, collaborateurs
- ☐ Données CRM (gestion de la relation client)
- ☐ Données GRH (gestion des ressources humaines)
- ☐ Diffusions et réactions aux campagnes
- ☐ Activités commerciales (Rdv, opportunités, etc.)
- ☐ Données web analytiques
- ☐ Comportement en ligne
- ☐ Recherches effectuées
- ☐ Service après-vente – Call center
- ☐ Données externes à l'entreprise (INSEE, DILA, concurrence, réseaux sociaux, journaux, rapports, etc.)
- ☐ Les fichiers d'historisation
- ☐ Open data
- ☐ Réseaux sociaux
- ☐ Courriels
- ☐ Annuaires

Parmi ces données, lesquelles pourraient être utiles pour améliorer vos missions professionnelles et votre performance individuelle (vous pouvez les cocher ci-dessus) ? Pourquoi ?

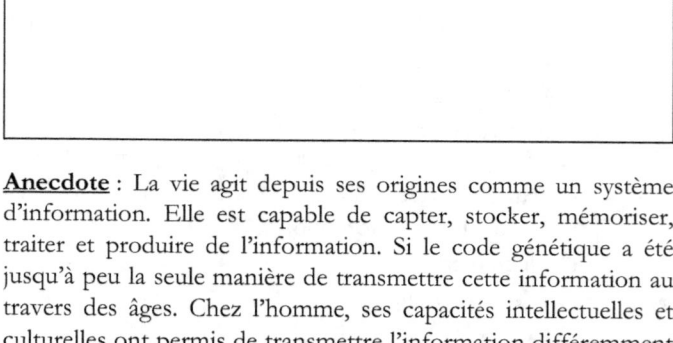

Anecdote : La vie agit depuis ses origines comme un système d'information. Elle est capable de capter, stocker, mémoriser, traiter et produire de l'information. Si le code génétique a été jusqu'à peu la seule manière de transmettre cette information au travers des âges. Chez l'homme, ses capacités intellectuelles et culturelles ont permis de transmettre l'information différemment au travers de la langue et des écrits.

Toutefois, l'ADN reste une solution très efficace pour le stockage des données. Certaines études ont investigué la sauvegarde des données sous la forme d'ADN. Les deux avantages principaux sont les suivants : (1) le poids des données et (2) la durée de conservation de ces dernières.

Pour découvrir les approches actuelles de lecture et d'écriture de données sur l'ADN, vous pouvez consulter le QR-code.

2 DECOUVRIR VOS DONNEES GOOGLE

Un moteur de recherche tel que Google oriente une partie de son modèle d'affaires autour de la donnée des internautes et notamment dans le cadre de leur usage pour la publicité ciblée. Découvrons quelles données sont en jeu et ce que Google sait de vous.

Google est l'un des géants du web qui fut créé en 1998 par Larry page et Sergey Brin. En 2020, plus de **80 % des requêtes** des internautes sont effectuées sur son moteur de recherche. Les recherches effectuées permettent au géant de définir des profils comportementaux et publicitaires.

Conformément au RGPD (règlement général sur la protection des données), Google permet aux utilisateurs d'accéder à leurs données et de les supprimer s'ils le souhaitent. Ainsi, dans cette section nous vous proposons de prendre la mesure des données détenues par le géant sur votre compte.

Pour obtenir votre historique de recherche

→ https://myactivity.google.com/myactivity

Pour une vision complète, un seul lien de téléchargement vous permettra d'accéder à l'ensemble de vos données

→ https://takeout.google.com/settings/takeout

Pour obtenir les données relatives à votre profil publicitaire Google

→ https://adssettings.google.com/

 Action : Indiquez quelles sont les caractéristiques que Google a utilisé pour qualifier votre profil publicitaire.

Êtes-vous surpris des données obtenues ? Votre profil publicitaire semble-t-il vous correspondre ? Notez les erreurs les plus surprenantes ?

Clive Humby a défendu la métaphore d'une donnée comme le nouveau pétrole. Il affirmera « **La donnée est le nouveau pétrole** ». Une vision illustrant l'importance et la valeur de la donnée dans l'économie moderne. D'un autre côté, l'open data vise à rendre la donnée accessible, ouverte et disponible pour tous (à l'image de l'eau). Enfin, quelques fois les données peuvent s'avérer dangereuses pour les utilisateurs et le respect de la vie privée. Une étude de Michal Kosinski (voir QR-code) a montré qu'il était possible de prédire un ensemble de données à caractère personnelles sur la simple base des *likes* des utilisateurs. Il indique qu'avec 10 likes Facebook, l'algorithme vous connait mieux que vos collègues. Avec 100, il vous connait mieux que votre famille. Et avec 230, il vous connait mieux que votre conjoint.

Caractérisez la donnée selon les trois métaphores possibles que sont le pétrole, l'eau et le poison. Indiquez les caractéristiques associées aux trois métaphores.

Pétrole	Eau	Poison

UN MONDE DE DONNEES

3 L'INTERET D'UNE ANALYSE DE DONNEES

3.1 Pourquoi la donnée

Quels que soient votre sujet d'étude et son contexte, la **représentation des phénomènes** se traduit par la création de données. Ces données encodent très certainement des informations qui peuvent être à forte valeur ajoutée pour l'analyste.

Ainsi, dans le cadre du marketing digital, comprendre le comportement client est la première étape avant de pouvoir personnaliser les services, ajuster les messages, adapter les produits et les offres afin de maximiser l'engagement, la satisfaction et in fine la rentabilité. L'analyse de données permet de dégager des tendances et d'étudier les comportements afin d'ajuster la stratégie. Les décisions pouvant être prises sont de tout ordre et peuvent varier d'un simple changement de page produit d'un site à une modification de ligne éditoriale sur les réseaux sociaux. Les études peuvent même mener les entreprises à procéder à l'ajustement des stratégies de tarification.

Sans l'accès à des données stratégiques, une entreprise avance à l'aveugle. En revanche, si le système d'information permet la circulation de l'information, l'analyse de données rend possible une étude fine de schémas pas forcément évidents dans les volumes de données qui ne peuvent pas s'étudier manuellement.

La grande transformation digitale permet aux entreprises de disposer de données en masse issues de ses multiples activités et de ses clients. En ce sens, elle porte une opportunité de mieux comprendre et piloter les organisations tout en maximisant la performance.

3.2 Le cas Netflix

Netflix est une entreprise américaine de films et de séries télévisées en flux continu (VAD). L'entreprise est implantée à travers le monde. Elle compte plus de 183 millions d'abonnés à son offre. Son chiffre d'affaires a atteint 5,34 milliards d'euros au premier trimestre 2020. Ce chiffre est donc en forte augmentation sur un an. L'abonnement Netflix peut être interrompu à tout moment par les utilisateurs. Un nouvel utilisateur peut tester Netflix gratuitement pendant une durée d'un mois.

Depuis 2012, Netflix achète les droits de première diffusion de séries à l'international et les diffuse ensuite le lendemain de leur diffusion dans leur pays d'origine. Ces séries sont présentées comme des séries originales Netflix dans les pays où elles sont distribuées. Cependant, dans leur pays d'origine et dans les pays où leurs droits ont déjà été achetés par d'autres chaines de télévision, les séries arrivent sur Netflix après leur diffusion à la télévision ou leur sortie vidéo ; elles ne sont donc pas présentées comme des « séries originales ». Netflix diffuse également des films, des documentaires, des standups et des talkshows. De plus, Netflix investit dans la production de séries qui sont ensuite diffusées sur leur plateforme. Par exemple, la série « House of Cards » originalement produite en Grande-Bretagne a été produite (avec un cout approximatif de 100 millions de dollars) et diffusée par Netflix aux États-Unis.

Netflix a organisé par le passé un concours afin de créer le meilleur algorithme de filtrage collaboratif. Celui-ci avait pour objectif de prédire au mieux le vote des utilisateurs dans leurs choix de films (nombre d'étoiles). À l'époque, le gagnant du concours a amélioré de 10 % l'algorithme de Netflix dans la prédiction des évaluations.

 Action : Réfléchissez aux questions suivantes au sujet du cas Netflix.

Netflix intègre un système de recommandation qui propose des films aux utilisateurs en se basant sur leurs comportements sur la plateforme.

- Quelles données comportementales d'un utilisateur Netflix peuvent être des indicateurs de satisfaction et d'insatisfaction par rapport à un film ? Expliquez pourquoi.

- Netflix proposait initialement aux utilisateurs de noter les films ou les séries sur 5 étoiles (plus récemment avec un « aime » ou « n'aime pas »). En quoi est-ce utile ? À votre avis, pourquoi le système de « likes » s'est montré plus efficace que le système par étoiles ?

- Quelles données et variables d'un utilisateur Netflix peuvent aider à dresser un profil comportemental afin d'améliorer le système de recommandation ?

- Netflix associe un grand nombre de tags (mots-clés) à chaque film et à chaque série avant de les mettre en ligne. En quoi est-ce utile ?

- Netflix sauvegarde le jour et l'heure auquel l'utilisateur a consulté une vidéo ainsi que les pauses effectuées pendant la diffusion. En quoi cette information peut-elle s'avérer utile ?

- Netflix recommande une nouvelle vidéo (ou le prochain épisode de la série) à l'utilisateur dès que le générique final est commencé. Pourquoi ? (Indice : Effet Zeigarnik)

- Pour quelles raisons le système de recommandation est-il si important pour Netflix ?

- Netflix a besoin d'une licence afin de diffuser un film ou une saison d'une série. Tous les films, ainsi que toutes les séries et même toutes les saisons d'une série, ne sont pas disponibles sur Netflix. Pour quelles raisons ?

- Les nouveautés et certains films qui ont eu un succès au cinéma ne sont pas disponibles sur Netflix. Pourquoi ?

- Quelles données comportementales des utilisateurs peuvent être utiles à Netflix pour effectuer le choix des séries dans lesquelles investir ?

- Quelles données comportementales des utilisateurs peuvent être utiles à Netflix pour le choix de prolongation ou non d'une série ?

- Quelles données issues des utilisateurs peuvent être utiles à Netflix pour le choix des films ?

- Le directeur de la communication de Netflix a indiqué « Il y a des millions de versions différentes de Netflix. » Comment est-ce possible ?

- Netflix monitore les sites de piratage et de streaming. En quoi est-ce utile ?

- Netflix a décidé de produire une série. La production a un coût important. Pour maximiser la probabilité de succès, Netflix s'appuie sur les données utilisateurs pour les choix de production. Quelles données peuvent indiquer le succès ou non d'un film par le public ?

- Netflix, en tant que producteur, conseille à l'équipe de production des acteurs pour certains rôles. Comment Netflix peut-il prédire les meilleurs acteurs ?

- Netflix produit de nombreuses bandes-annonces pour une même production. Celles-ci ne sont pas toutes affichées à tous les utilisateurs. Comment Netflix adapte-t-il le contenu des bandes-annonces ?

- Quelles données sont intéressantes à investiguer à propos des séries produites par Netflix ? Pourquoi ?

- Un utilisateur Netflix conserve un abonnement pendant 25 mois et rapporte 300 dollars à Netflix en moyenne. De quel indicateur s'agit-il et en quoi est-ce utile ? Quelles décisions peuvent être prises en se basant sur ces indicateurs ?

- Décrivez une approche qui permettrait d'avoir un regard plus fin de la valeur client ?

Quelques éléments de solution sont disponibles en scannant le QR code

UN MONDE DE DONNEES

4 LES ETAPES D'UN PROJET D'ANALYSE

Nous détaillons ci-dessous quelques étapes essentielles à une analyse de données en entreprise.

1 **Définir** et fixer un objectif. Décrire le problème à résoudre, le contexte, les ressources, et les outils envisagés.

Comment l'intérêt des clients de notre marque a-t-il évolué au fil du temps ? Comment nos parts de marché évoluent-elles dans les différents pays ? Quelle a été l'efficacité de nos campagnes de marketing l'an dernier ? Qui sont nos utilisateurs mobiles et comment se comportent-ils ? Comment notre marque se compare-t-elle à ses concurrents ? Quelle est la raison pour laquelle les clients abandonnent leur panier ?

2 **Collecter** les données relatives à l'objectif, identifier les données et les sources manquantes.

Données internes, données CRM, analyses d'audience Internet, fichiers, images, données web (Google Analytics), crawler web, interfaces de programmation d'applications, API Twitter, API Facebook, API météo, données librement disponibles pour tout usage et traitement, données ouvertes, etc.

3 **Préparer** les données. Formater, nettoyer et vérifier les erreurs. Corriger les anomalies, remplir les données manquantes.

Pour cette étape de préparation des données, on peut faire référence aux 3 étapes d'un **ETL** : **Extraction**, **Transformation** et **Chargement** (en anglais Loading) des données. Il s'agit alors d'extraire la donnée d'un emplacement premier, de transformer certaines de ces données avec des filtres et des opérations et enfin de les charger à un nouvel emplacement.
Certains outils vous permettent d'effectuer ce type d'opération sans avoir à créer de programme informatique. C'est le cas des outils tels que Talend Open Studio ou RapidMiner (Section 8) qui

permettent de manipuler les données avec des modules et des processus visuels.

Voici quelques exemples d'opérations pouvant être effectuées sur les données :

- Formater les données : arrondis des nombres, séparateurs, format de dates, etc.
- Vérifier les erreurs et les fautes de frappe : dates impossibles, âges inférieurs à zéro, etc.
- Remplacer ou supprimer un point de données manquant, traiter les anomalies.
- Transformer les données en variables liées à l'objectif : dates de naissance en âges, dates en jours de la semaine ou weekend.

4 **Analyser** les données. Identifier des groupes de comportements identiques. Créer des modèles de prédiction. Identifier des tendances, des corrélations, des exceptions.

Pour l'analyse, il est possible de consulter les statistiques descriptives (minimum, maximum, moyenne, médiane, distribution). Appliquer des algorithmes de similarité, segmentation (regrouper des instances similaires en utilisant un ou plusieurs attributs). Appliquer des algorithmes de prédiction pour identifier des tendances et construire des modèles pour prédire les résultats. Il est également possible d'explorer un texte avec des analyses sémantiques.

IBM Watson personality insight est un outil qui permet une analyse sémantique du contenu et de dresser un profil comportemental d'un individu à partir d'un texte qu'il a rédigé. Vous pouvez le tester gratuitement en créant un compte. IBM indique : « Prédisez les caractéristiques, les besoins et les valeurs de la personnalité grâce à un texte écrit. Comprenez les habitudes et les préférences de vos clients à un niveau individuel et à grande échelle. »

5 **Livrer et visualiser.** Mettre en production un algorithme, présenter les résultats à une audience, choisir des visuels appropriés, créer un tableau de bord.

En 1996, le **Processus standard intersectoriel pour l'exploration de données appelé CRISP-DM** est proposé. Cette démarche illustre la découpe d'un projet de fouille de données selon 6 phases clés : Connaissance du Métier, Connaissance des Données, Préparation des Données, Modélisation des données, Évaluation et Déploiement. C'est un standard dans la démarche qui est toujours utilisé de nos jours (figure 2).

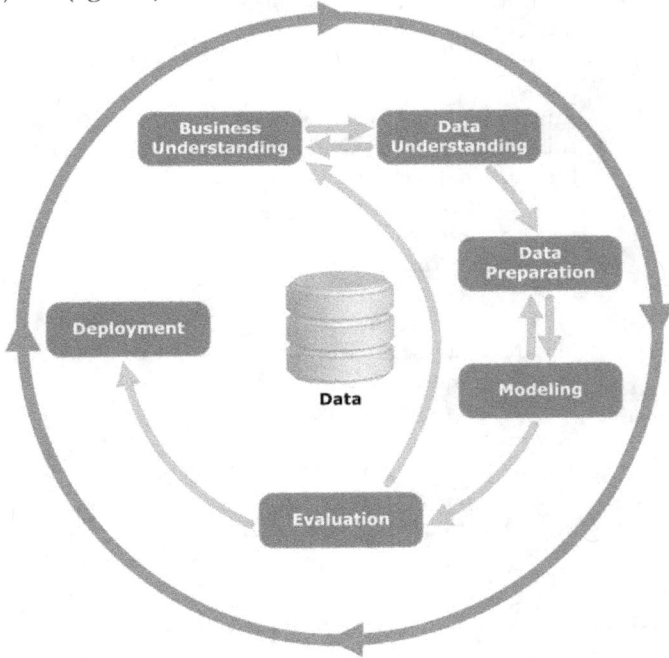

Figure 2 : Modèle CRISP-DM - Image non modifiée depuis le fichier créé par Kenneth Jensen sous la licence Creative Commons Attribution-Share Alike 3.0 Unported.

On note en particulier les synergies entre les phases de compréhension métier et compréhension des données. De même des interactions sont importantes entre les phases de modélisation des données et celle de préparation des données. Enfin, le projet n'est pas géré de manière linéaire mais plutôt agile comme l'indique la boucle autour du modèle.

Nous présentons ci-dessous quelques exemples de décisions qui peuvent être prises à la suite d'un projet d'analyse de données :

- Modification de service ou de produit
- Stratégie de tarification dynamique
- Meilleur ciblage
- Mesure et amélioration des campagnes (CRM, social media)
- Amélioration de l'Interface utilisateur
- Adaptation, personnalisation des messages
- Priorisation des clients
- Orchestration des sollicitations
- Levée d'alerte
- Mesure de performances
- Études descriptives de comportement
- Mesure de l'engagement
- Mesure de la valeur client
- Web analytique
- Analyse du parcours de navigation sur le site web
- Segmentation des clients
- Scoring (appétence produit, rétention client)
- Détection d'anomalie
- Mesure de fréquence

 Action : Renseignez, sur les pages suivantes, les points clés relatifs à un projet de fouille de données que vous souhaiteriez mener.

Étape	Description
Définir et fixer un objectif.	
Identifier les données nécessaires	
Préparation des données	
Modélisation	
Évaluation	
Enseignements & déploiements	

Indiquez les détails du projet ci-dessous.

5   CATEGORISER LES DONNEES

Les données sont catégorisées en fonction de nombreux paramètres qui les caractérisent et que nous décrivons ci-dessous.

1. **Source de données** : Il s'agit de l'emplacement d'origine de la donnée. Cela peut concerner des bases de données métiers, des sources d'open data, des fichiers, des services externes à l'entreprise, etc.

2. **Type de variable** : Les données peuvent être nominales, ordinales ou numériques. Les données **nominales** prennent un ensemble de valeurs qui sont textuelles et qui n'ont pas d'ordre précis (pays, noms de produits). Les données **ordinales** prennent un ensemble de valeur limité et possèdent un ordre. Les tailles de t-shirt (S, M, L, XL) ou la lettre représentant la consommation énergétique de nos appareils ménagers (A, B, C, D, E, F) sont des données ordinales. Les données **numériques** sont représentées par des nombres réels et selon une échelle de mesure qui a souvent une référence à zéro. Ce type de données est très rependu, car un grand nombre de capteurs retranscrivent leurs prises de mesures avec des valeurs numériques.

3. **Structure des données** : Les données peuvent être structurées, semi-structurées ou non structurées. Les **données structurées** sont des données qui sont organisées de sorte qu'il est facile d'identifier des couples clé/valeur. Par exemple, un tableau Excel représentant les données clients est une donnée structurée (« Nom » = « Pierre », « Prénom » = « Dupond »). Ce type de structure permet d'identifier les valeurs qui caractérisent chaque entité. Une base de données relationnelle (p.ex. MySql) contient des données structurées. Les données **semi-structurées** possèdent une partie non structurée et une partie structurée. Un courriel fait partie de cette catégorie. Le contenu du mail est non structuré, mais le

récepteur, l'émetteur et l'heure d'envoi sont des données structurées.

Les données **non structurées** ne contiennent aucun couple clé/valeur évident. C'est le cas par exemple de prises de notes manuscrites ou de fichiers textes. Ces derniers ne disposent pas de variables ou d'instances évidentes. Ils nécessitent un traitement spécifique pour la machine. En comptant l'occurrence des mots d'un texte, on peut créer un fichier structuré (« mot1 » = « nombre d'apparitions », « mot2 » = « nombre d'apparitions »). Toutefois, il ne contiendra pas toutes les informations contenues dans le texte original.

L'analyste de données visera très souvent à formater les données de manière à les rendre facilement exploitables par la machine en vue des traitements et analyses requis. En ce sens, elles seront bien souvent **structurées** et **quantitatives**.

Voici un exemple de données structurées prêtes à l'analyse :

Client	Age	Achat	Fidélité
1	Faible	Faible	Parti
2	Moyen	Faible	Parti
3	Élevé	Faible	Fidèle
4	Faible	Moyen	Parti
5	Élevé	Élevé	Fidèle
6	Faible	Élevé	Fidèle
7	Faible	Moyen	Parti
8	Élevé	Faible	?
9	Moyen	Élevé	?
10	Faible	Moyen	?

Chaque ligne du tableau correspond à une **observation**. Les colonnes correspondent aux **variables** ou **attributs** quelques fois appelés aussi **dimensions** d'analyse. Les intersections d'une ligne avec une colonne sont les **valeurs**. Enfin, lorsque votre étude vise à l'analyse spécifique d'une variable (indicateur clé de performance) que l'on cherche à prédire ou expliquer, celle-ci se dénomme **variable dépendante**, ou **classe**, ou enfin **label**. Lorsque certaines valeurs de la classe sont inconnues et que l'on cherche à les prédire, on parle de **valeur manquante**.

 Action : Observez le tableau et répondez aux questions suivantes.

Produit	Prix (Euros)	Réduction	Vente
1	150	10 %	124
2	40	30 %	3000
3	20	0 %	1500
4	2	50 %	200
5	149	20 %	50
6	20	10 %	1200

Combien d'observations compte l'échantillon de données ?

Combien de variables comportent les données ? À quel type appartiennent-elles ?

Quelle pourrait-être la variable dépendante ?

6   BIG, SMART, OPEN DATA ?

6.1   Big data

Le volume de données mondiales est en **augmentation fulgurante** depuis ces dernières années. La figure 3 représente le volume global de la datasphère en Zettaoctets (Zo) depuis 2010 et sa projection jusqu'à 2024.

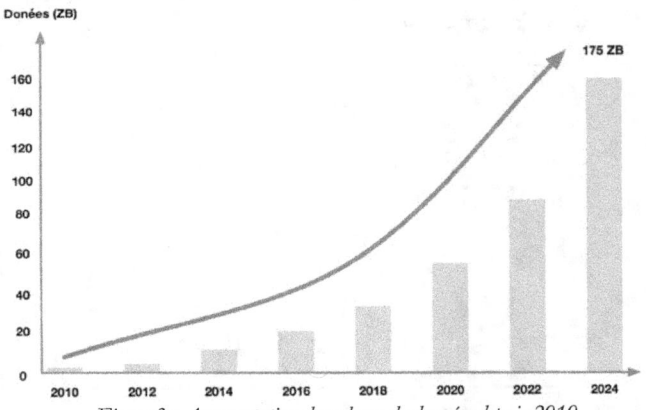

Figure 3 : Augmentation du volume de données depuis 2010

Voici quelques ordres de grandeur de la donnée

1 bit – seulement deux valeurs possibles (zéro ou un)
8 bits – un octet (jusqu'à 256 valeurs différentes)

Les mesures ci-dessous se comptent en octets :

10^{24}	Yotta	Quadrillion	Yo
10^{21}	Zetta	Trilliard	Zo
10^{18}	Exa	Trillion	Eo
10^{15}	Péta	Billiard	Po

10^{12}	Téra	Billion	To
10^9	Giga	Milliard	Go
10^6	Méga	Million	Mo
10^3	Kilo	Millier	Ko

Selon vous quelles technologies et services peuvent être à l'origine de l'augmentation fulgurante des données ?

Scannez pour retrouver quelques éléments de réponse

Le Big data (ou mégadonnées) est une démarche qui caractérise l'analyse, le stockage, la collecte et la gestion de données en masse. On parle d'un projet de big data en le caractérisant par les **5 V** :

- Le **volume** fait référence à la quantité de données générées et mémorisées prises en compte dans le cadre de l'analyse.
- La **variété** concerne les différentes sources et formats pouvant être étudiés.
- La **vélocité** correspond à la rapidité de traitement des données pouvant de plus circuler en temps réel.

- La **véracité** concerne la qualité des sources de données et leur fiabilité.
- La **valeur** utile espérée par l'entreprise dans le cadre du projet.

Le Big Data offre aux scientifiques et aux entreprises une opportunité **d'étudier les phénomènes** à toutes les échelles. En effet, on peut désormais capter le comportement de la matière à l'échelle du nanomètre avec Titan Krios, le microscope électronique cryogénique. On pourra aussi explorer l'origine de notre univers avec le futur télescope spatial James-Webb.

L'Organisation des Nations unies (ONU) a par ailleurs identifié l'intérêt des mégadonnées pour atteindre les 17 objectifs de développement durable (ODD). Cette dernière a engagé une vague de projets en ce sens.

Sources :
Les mégadonnées au service des Objectifs de développement durable
https://www.un.org/fr/sections/issues-depth/big-data-sustainable-development/index.html
The Rise of Big Data, How It's Changing the Way We Think About the World By Kenneth Neil Cukier and Viktor Mayer-Schoenberger.

6.2 Smart Data

Les **Smart data** sont des données en petits volumes, mais à forte valeur ajoutée. Elles peuvent provenir des *big data* qui ont été transformées et sélectionnées. Elles peuvent aussi provenir de petits gisements de données qualifiées. On peut mémoriser les caractéristiques des smart data avec les **5 S** :

- Réfléchir à une **Stratégie** parce qu'il n'y a pas de bénéfice à venir sans réflexion préalable.
- **Sourcer** les données pour identifier les types de données à l'intérieur du système d'information (CRM, service client) comme à l'extérieur.
- **Sélectionner** les données utiles à votre stratégie.
- **Signifier** les données pour les transformer en indicateurs plus faciles à manipuler. On a souvent

recours au KPI pour signifier les données (visites, taux de conversion, taux de clics, etc.).
- **Symboliser** les données grâce à la visualisation afin de les rendre compréhensibles.

Collecter et analyser des données n'a de sens que si cette action fournit une information qui permette une meilleure compréhension du phénomène étudié et *in fine* une meilleure gestion des décisions stratégiques.

6.3   Open data

L'**open data** est une démarche visant à partager les données ayant un intérêt pour la communauté. Cette démarche vise à rendre gratuitement accessible et réutilisable les données. C'est en particulier le cas de données qui peuvent présenter un intérêt commun. Ce mouvement est principalement porté par les services publics via le site phare de l'initiative française www.data.gouv.fr

---

Action : Choisissez un échantillon de données publiques sur le site et commentez son utilité possible pour votre entreprise.

Mon choix :

Utilité possible :

Les données appartenant à l'open data doivent respecter un ensemble de conditions présentées ci-dessous :

1. **Complétude** : Idéalement la totalité des données relatives au sujet doit être partagée.
2. **Originale** : Collectées sans intermédiaires et au plus près du terrain.
3. **Rapidité** : Les données doivent être accessibles dans un délai minimum et mises à jour régulièrement.
4. **Accessibilité** : Les données ont vocation à être partagées au public sans restriction.
5. **Structurées** : Elles sont faciles à exploiter, car elles possèdent une structure permettant leur intégration immédiate dans les systèmes d'analyse ou de visualisation.
6. **Non-propriétaires** : Elles ne font l'objet d'aucun contrat de licence.

Voici quelques exemples d'adresses pour la recherche de données en sources ouvertes.

Source de données	Description
https://data.worldbank.org/	Accès gratuit et ouvert aux données de développement mondial.
https://www.google.com/publicdata/directory	Recherche de données publiques.
http://publicdata.eu/	Portail européen des données.
http://dataportals.org/	Liste des portails de données ouvertes
http://datahub.io/	Jeux de données ouverts.
http://getthedata.org/	Forum de données.

UN MONDE DE DONNEES

7 INTELLIGENCE ARTIFICIELLE

7.1 Origine et définition du terme

Nous retrouvons l'idée d'une machine pensante dans de nombreux écrits philosophiques. L'idée même que la pensée puisse être le résultat d'un calcul est notamment mise en évidence dès 1660 par **Gottfried Wilhelm Leibniz**. Il affirmera conformément à la pensée computationnaliste (théorie philosophique considérant l'esprit comme un système de traitement de l'information) : « penser c'est calculer ».
Les ordinateurs aux pouvoirs calculateurs seraient-ils capables de penser ? Ou plutôt d'imiter la pensée ? Comment pourrait-on mesurer cette capacité si elle existe et comment reconnaitre une intelligence dans la machine ?

Il est nécessaire de trouver un chemin scientifique afin de pouvoir répondre à cette question. Une manière de concevoir ce problème sera proposée par le test historique et pionnier d'**Alan Turing**. Dans les années 1950, il proposera une expérience en lien direct avec la notion d'intelligence artificielle. Il souhaite répondre à la question suivante : une machine peut-elle penser ?[1] Dans ce test, il imaginera mettre en confrontation l'homme et la machine. Il s'agira en particulier pour la machine d'imiter de manière réaliste un comportement humain. Dans ce jeu, un observateur humain doit converser au travers de messages avec deux entités inconnues positionnées dans deux salles distinctes, l'une de ses entités étant la machine et l'autre l'homme. L'objectif est de pouvoir distinguer les deux sur la base unique des échanges que l'évaluateur pourra avoir au travers de messages avec les deux entités. Si à la fin des échanges, l'évaluateur identifie la machine comme humaine, alors le test de Turing est validé.

L'**intelligence artificielle (IA)** est une discipline qui vise à faire accomplir à la machine des tâches complexes habituellement réalisées par l'homme. Il s'agit donc d'un terme générique qui

---

[1] Computing Machinery and Intelligence, Alan Turing
Mind, New Series, Vol. 59, No. 236., pp. 433-460, 1950.

regroupe un ensemble de méthodes et techniques. Elle se différencie de l'intelligence dite naturelle dont disposent les humains. La discipline est officiellement née en 1956, lorsque 4 illustres chercheurs, John McCarthy, Marvin Minsky, Nathaniel Rochester, et Claude Shannon, ont officialisé le souhait de reproduire sur ordinateur l'ensemble des fonctions cognitives. Il était donc question de l'intelligence humaine et de la capacité à apprendre, mémoriser, raisonner afin de prendre des décisions.

L'une des définitions les plus explicites de l'intelligence artificielle et de son contexte se retrouve dans une lettre ouverte rédigée en janvier 2015 par un consortium d'experts, dont les célèbres Stephen Hawking et Elon Musk.

« La recherche sur l'intelligence artificielle a exploré une variété de problèmes et d'approches depuis sa création, mais au cours des 20 dernières années environ, elle s'est concentrée sur les problèmes entourant la construction d'agents intelligents — des systèmes qui perçoivent et agissent dans certains environnements. Dans ce contexte, l'intelligence est liée aux notions statistiques et économiques de rationalité — familièrement, la capacité de prendre de bonnes décisions, des plans ou des inférences. L'adoption de représentations probabilistes et de théorie de la décision et de méthodes d'apprentissage statistique a conduit à un large degré d'intégration et de fertilisation entre l'IA, l'apprentissage automatique, les statistiques, la théorie du contrôle, les neurosciences et d'autres domaines. La mise en place de cadres théoriques partagés, combinée à la disponibilité des données et de la puissance de traitement, a donné lieu à des succès remarquables dans diverses tâches composantes telles que la reconnaissance vocale, la classification d'images, les véhicules autonomes, la traduction automatique, la locomotion à jambes et les systèmes de réponse aux questions. »

7.2 Les trois niveaux d'Intelligence

Face aux différentes visions qui animent l'intelligence artificielle et son futur, une modélisation sous trois formes est souvent proposée. Elle permet de clarifier avec plus de précision les distinctions majeures entre les technologies existant actuellement et les formes possibles dans le futur.

La première forme est celle observée aujourd'hui, **l'intelligence artificielle réduite**, également dite intelligence restreinte. Cette forme est caractérisée par la capacité donnée à la machine d'accomplir un certain type de tâches certes complexes, mais limitées et bien définies. Par exemple, un assistant personnel sait converser avec un humain de manière naturelle, le super ordinateur DeepBlue sait jouer excellemment aux échecs. D'autres algorithmes savent reconnaitre avec un niveau de fiabilité très élevé un objet sur une image. Cette IA faible est en mesure de dépasser les performances humaines, mais seulement dans des domaines spécifiques. Ainsi, elle n'a pas la capacité d'adaptation sur des tâches variées.

La seconde est **l'intelligence artificielle générale (IAG)** dont nous ne connaissons pas raisonnablement de date d'apparition, mais dont certains futuristes ont envisagé l'arrivée d'ici 2045. Cette dernière serait en mesure d'être à des niveaux humains sur un ensemble varié de taches. À tel point qu'un humain ne pourrait pas présager de la nature artificielle de cette intelligence. L'IAG est souvent mentionnée dans la littérature pour faire référence à une forme d'intelligence proche de celle de l'humain. Elle détiendrait la faculté de répondre à des tâches de nature variées.

Enfin, **une super intelligence artificielle (SIA)** serait capable de dépasser l'intelligence humaine dans quasiment tous les domaines. Elle pourrait accomplir des tâches d'ampleur sociétale et en ce sens prendre des directions qui impacteraient très largement les hommes. Des groupes de recherche variés travaillent actuellement sur ce format, non seulement dans l'objectif d'atteindre ce niveau, mais également de pouvoir se préparer à une telle éventualité et proposer un cadre juridique, technologique, mais aussi éthique adéquat. Pour qualifier ce type d'intelligence artificielle, on mentionne l'enjeu d'une machine capable de comprendre le monde avec autant de profondeur et de transversalité que l'homme.

7.3   La loi de Moore et du retour accéléré

L'histoire a montré que les progrès informatiques sont réguliers. Ce progrès est illustré par la célèbre **Loi de Moore**. Le nombre de transistors des microprocesseurs sur une puce de silicium double tous les 18 mois. Celle loi est le reflet d'une augmentation très régulière de la puissance de calcul de nos systèmes informatiques. Même si, depuis le début de cette hypothèse, de nombreux freins avaient été émis quant à la possibilité de faire perdurer cette loi au travers du temps, aujourd'hui, elle est toujours valide, tandis qu'elle a été initialement proposée dans les années 1980.

 Action : Choisissez quelques années de référence et recherchez le nombre de transistors à l'époque. Vérifiez si la loi de Moore est corroborée.

Année	Nombre de transistors
1980	

Ray Kurzweil émettra l'hypothèse d'une accélération du progrès humain et même d'une accélération de l'histoire cosmologique[2]. Sur la base de faits marquant l'histoire des hommes, de l'univers et des progrès technologiques, il montrera qu'une accélération se mesure. Pour cela, il identifiera à la fois les moments d'apparition des évènements importants, mais aussi la durée séparant deux de ces évènements. La conclusion est une accélération illustrée par des progrès dans des domaines variés. Selon cette hypothèse largement défendue dans l'ouvrage la singularité est proche[3], Kurzweil prédit l'apparition d'un moment de notre histoire où l'accélération du progrès ne sera plus linéaire, mais fulgurante. Cette loi du retour accéléré prédit une singularité qui pourrait être portée par une intelligence artificielle qui atteindrait son apogée.

Cette théorie suppose qu'au moment de l'apparition de l'intelligence artificielle générale, cette dernière s'améliorera progressivement, devenant de manière autonome plus intelligente. Il émergera alors d'une spirale de progrès une super intelligence artificielle bien supérieure et inaltérable.

Si ces considérations sont hypothétiques, l'amélioration de la puissance de nos systèmes informatiques et la **loi de retour accéléré** semblent malgré tout illustrer une situation incontestable. La vitesse d'adoption des technologies est également le reflet de cette accélération. L'électricité, le téléphone, la télévision, l'internet, les réseaux sociaux et les tablettes ont des taux d'adoption qui révèlent cette accélération.

7.4   Inspirations biologiques

La puissance de calcul ainsi que les modèles mathématiques utilisés dans le domaine de l'intelligence artificielle permettent d'établir des tâches qui ne sont pas réalisables par l'homme. Même si les calculs ne sont pas nécessairement accomplis avec pensée, ni même avec intelligence, leur ordre de grandeur et la puissance mise en évidence donnent une impression de supériorité incontestable à la machine. Celle-ci peut générer un enthousiasme

---

[2] Humanité 2.0, La bible du changement, M21 Éditions, Ray Kurzweil, 2007.
[3] The Singularity Is Near: When Humans Transcend Biology, 2006.

exagéré envers une technologie qui pour le moment ne permet pas réellement de reproduire le phénomène de pensée, ni même une forme d'intelligence au sens le plus naturel du terme.

C'est ainsi que le célèbre affrontement entre le super ordinateur d'IBM Deep Blue et Garry Kasparov est plus lié à un enjeu de calcul qu'à un enjeu d'intelligence. À cette période, le jeu d'échecs paraissait d'une complexité suffisamment grande pour ne pas pouvoir être uniquement abordé sous l'angle calculatoire. Aujourd'hui, nous savons que les superordinateurs sont en mesure de calculer l'ensemble des possibilités et donc d'optimiser chacune des solutions en prenant en compte l'ensemble des scénarios possibles. Il ne s'agissait donc pas d'une forme d'intelligence, mais de la possibilité d'utiliser les historiques gigantesques de parties et les règles du jeu pour envisager une démarche calculatoire de la stratégie. Garry Kasparov gagnera son affrontement en 1996, mais devra s'incliner l'année suivante. Cette nouvelle brique de l'histoire montre l'affrontement entre l'homme et la machine. Cette volonté de décider d'un vainqueur entre les deux marquera à de nombreux moments l'épopée de l'IA.

L'homme dispose d'un avantage redoutable sur la machine : il peut apprendre d'un ensemble très limité d'exemples tandis que la machine doit souvent s'appuyer sur un ensemble très large de données (big data) pour apprendre une tâche.

Pendant deux ans, les chercheurs de Google DeepMind ont entrainé un puissant algorithme à reconnaitre les symptômes de maladies de l'œil, grâce au deep learning. Dans ce cas, l'algorithme a été « nourri » de milliers de scanners de rétines en trois dimensions. Ces scanners, fournis par le Moorfields Eye Hospital, avaient été catalogués avec précision par les médecins en fonction des symptômes de maladies que l'on pouvait identifier. Grâce à ces millions de pixels, l'algorithme a appris à analyser les scanners de rétines pour y repérer automatiquement trois maladies de l'œil : le glaucome, la dégénérescence maculaire liée à l'âge (DMLA) et la rétinopathie diabétique. Deep Mind effectue désormais des diagnostics plus efficaces que les spécialistes.

Dans le cas de la rétinopathie diabétique, aux États-Unis, l'intelligence artificielle a désormais la possibilité d'émettre et d'envoyer automatiquement un diagnostic sur l'état de santé d'un patient. C'est le premier cas d'une intelligence artificielle qui assure à elle seule une tâche de cet ordre[4.]

Il s'agit de reproduire un niveau d'expertise non plus appris d'un expert, mais d'une base de données de milliers de cas renseignés par des centaines d'experts. La notion d'exhaustivité est importante, car la machine doit trouver l'ensemble des règles avec le minimum d'incertitude. Dans le cas contraire, elle pourrait faire face à une image sur laquelle elle ne disposerait pas d'informations suffisantes pour prendre une décision. Elle pourrait alors engendrer un diagnostic erroné. Une observation anormale peut créer le trouble chez la machine. Ainsi, sur des cas critiques, le spécialiste reste l'ultime ressource.

L'anthropologie a souvent souligné l'importance de la transmission et l'apprentissage des gestes par le mécanisme de reproduction, de mimétisme. Ce **mimétisme** a été un facteur clé de notre développement. Il suffisait qu'un seul membre d'une tribu de chasseurs-cueilleurs optimise un comportement pour que celui-ci soit adopté en masse. Un avantage redoutable d'un homme qui peut évoluer vite et sur la base d'observations rares. Pourtant, cette dimension archaïque chez l'homme manque toujours à nos algorithmes modernes.

Au début de l'ère de l'intelligence artificielle, la démarche consistait à s'appuyer sur les données provenant de spécialistes. Nous avons ainsi conçu des systèmes experts. Au fil du temps, les données expertes ont été remplacées par des données massives. La vérité numérique s'appuie désormais sur la masse et non plus un nombre réduit d'experts.

Là se trouve peut-être l'une des causes de nos faillites. Les données encodent les inégalités et les déviances, la machine les apprend et les prend comme acquis, comme référence. Elle considère les vérités encodées en données comme un modèle à construire, à reproduire, voire à mettre en exergue. On comprend mieux la métaphore entre la donnée et le poison.

La démarche de **rétro-ingénierie de la nature** est souvent identifiée comme le moyen le plus prometteur pour atteindre l'objectif d'une IAG. Cette volonté de mathématiser et de reproduire les algorithmes du vivant s'appuie notamment sur

---

[4] Tufail A et al. Automated Diabetic Retinopathy Image Assessment Software: diagnostic accuracy and cost-effectiveness compared with human graders. Ophthalmology, 2017.

l'observation et l'analyse du cerveau afin de tenter de modéliser et simuler son fonctionnement. Cette approche a donné lieu à l'un des algorithmes les plus efficaces de notre époque : les réseaux de neurones artificiels.

Le réseau de neurones biologique

Les neurosciences permettent d'appréhender au moins partiellement le mode de fonctionnement de notre cerveau. Ce dernier dispose de capacités uniques pour traiter l'information. Il s'agit également de l'organe le plus complexe que nous ayons découvert dans la nature et dont finalement nous ne connaissons pas grand-chose. Pour comprendre le fonctionnement de notre cerveau, il est utile d'en observer l'une des composantes essentielles : le neurone. Comme pour beaucoup d'autres œuvres de la nature, si le système global parait d'une extrême complexité, en étudier les composantes permet de démystifier l'objet d'étude et de saisir une partie de sa mécanique.

Notre cerveau est composé de plus de 80 milliards de neurones connectés entre eux en formant un réseau d'une complexité remarquable. Le neurone est une cellule dont la forme et la géométrie sont variables, mais qui s'organise globalement tel que présenté sur la figure 1. Le corps cellulaire contient le noyau et des ramifications à la fois du côté des dendrites et de la terminaison.

On note que l'axone apporte une forme allongée au neurone qui peut avoir une taille variable et atteindre des dimensions très grandes afin d'acheminer les signaux d'un point à un autre. Comme la géométrie du neurone le suggère, un ensemble de signaux peuvent être reçus au niveau des multiples ramifications des dendrites. De même, si l'axone permet d'acheminer un signal le long de la cellule, au niveau de la terminaison, ce signal peut se propager à de multiples endroits. Au niveau de cette arborisation terminale, le signal électrique pourra se transmettre aux dendrites d'autres neurones via des neurotransmetteurs.

Les signaux de sortie d'un neurone peuvent ainsi se transmettre comme signaux d'entrées aux autres formant le réseau. L'espace situé entre deux neurones se dénomme la synapse. Les synapses ont des propriétés leur permettant de favoriser plus ou moins la propagation du signal entre deux neurones.

La nature du signal circulant au travers des neurones est électrochimique. Notre cerveau peut donc être perçu comme une machine électrique dont la puissance globale est de l'ordre de 20 Watts. Une puissance toute relative qui mise en parallèle avec nos capacités cognitives suggère une optimisation des ressources assez remarquable du corps humain et du cerveau.

Les signaux électriques qui traversent l'axone sont générés par le déplacement d'ions sodiums et potassiums chargés positivement, et entrant et sortant de la membrane. Les potentiels d'action ainsi générés sont de l'ordre d'une dizaine de microvolts. En revanche, leur vitesse de propagation est de plus de dix mètres par seconde. Un signal va très rapidement atteindre la synapse. Au niveau des synapses, le signal de nature électrique va être transmis chimiquement avec l'aide des neurotransmetteurs.

Ces derniers vont permettre l'activation d'un récepteur sur un autre neurone. C'est l'effet cumulé par les récepteurs des dendrites d'un neurone et provenant des nombreux autres neurones qui permettra ou non l'activation de ce dernier. En fonction des signaux reçus, le neurone se trouvera en situation de générer un potentiel d'action. Un seuil doit être dépassé et cela est rendu possible par la réception conjointe de signaux.

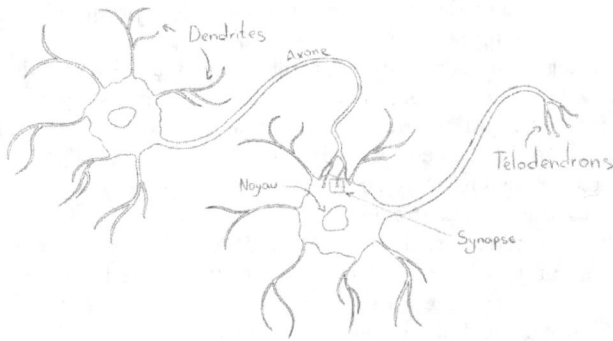

Figure 4 : Illustration d'un neurone biologique. On distingue les dendrites, le noyau, l'axone et l'arborisation terminale.

Le cerveau est un outil de traitement de signal fonctionnant à différentes échelles avec à la fois des caractéristiques organisationnelles, biologiques, chimiques et électriques. Le nombre de neurones et leur connectivité font du cerveau un système remarquable, certainement l'un des plus complexes de la nature.

La beauté de la musique tient sa source d'une organisation optimale de quelques notes, la beauté d'une langue tient en quelques lettres et celle de l'univers en une centaine d'atomes. L'organisation du réseau de neurones serait à l'origine de l'intelligence, de la pensée et même de la conscience. Seraient-elles des propriétés émergentes au même titre que la beauté ? Inspiré par la technicité du cerveau humain, l'homme a construit des outils pour l'observer, le comprendre, l'analyser. Puis, il l'a mesuré, disséqué et enfin, il s'en est inspiré pour créer quelque chose dans la machine.

Le réseau de neurones artificiel

L'une des premières directions prises par l'intelligence artificielle dans l'objectif de s'inspirer de l'intelligence humaine aura lieu à partir des années 1940. Cette inspiration se poursuivra au fil des décennies suivantes avec la volonté de modéliser le fonctionnement du cerveau humain et de le reproduire dans la machine. Cette quête s'inspire de la nature, du connectome afin de tenter de simuler, de modéliser et de reproduire l'apprentissage sur la machine. Nous l'avons fait avec une simplification importante : un neurone est modélisé par une fonction mathématique. Le neurone artificiel est une fonction d'activation qui recevra un ensemble de signaux à l'image de ceux reçus via les axones. Elle transmettra un signal en fonction du dépassement ou non d'un certain seuil. Plus le nombre de signaux reçus est important, plus la probabilité d'envoyer le signal est grande. Si le nombre de signaux est insuffisant, le neurone ne transmettra pas d'informations, il ne s'activera pas. Ce processus est à l'image du fonctionnement réel du neurone qui génèrera ou non une différence de charge (potentiel) entre l'intérieur de la membrane et l'extérieur. C'est sur cette base qu'en 1943, les neurologues Warren McCulloch et Walter Pitts proposèrent la première conceptualisation d'un neurone formel5. Plus tard, le célèbre mathématicien Marvin Minsky créera le SNARC (Stochastic Neural Analog Reinforcement Calculator), un simulateur de réseau neuronal, qui modélise le comportement d'un rat apprenant à se déplacer dans un labyrinthe.

La métaphore du réseau de neurones artificiels est simpliste, car elle ne modélise pas les échanges qui peuvent exister entre les neurones et leur environnement ni même la subtilité liée à la présence des pompes et canaux ioniques et neurotransmetteurs. Elle ne modélise pas non plus la différence structurale qui peut exister entre les différents neurones. De plus, le nombre de neurones modélisés sur ordinateur est encore très largement inférieur à celui des neurones présents dans un cerveau humain.

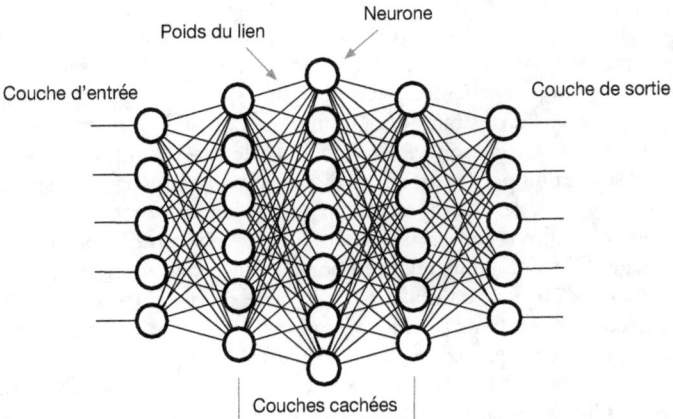

Figure 5 : Organisation possible d'un réseau de neurones artificiel. Chaque neurone est une fonction mathématique.

La démarche évolue au fil des progrès pour modéliser de plus en plus de neurones, ajuster les fonctions et les organiser intelligemment sous forme de couches (figure 2). Le processus donnera finalement à la machine une capacité d'apprentissage similaire à la plasticité neuronale ; cette faculté qu'a le réseau de

---

5 McCulloch, W. S., Pitts, W., A Logical Calculus of the Ideas Immanent in Nervous Activity, Bulletin of Mathematical Biophysics, vol. 5, pp. 115-133, 1943.

neurones de se remodeler en fonction de l'intensité de l'activité des synapses. Nous savons désormais que cette faculté est liée à l'apprentissage, mais également à la création de souvenirs et à la mémoire.

Pour donner un exemple de l'apprentissage par la machine, nous pouvons considérer la reconnaissance d'un objet sur une image. Un réseau de neurones artificiels est habituellement organisé en de multiples couches, dont une couche d'entrée (à gauche), des couches cachées et une couche de sortie (à droite). Les neurones de sortie sont directement liés avec l'objectif de la tâche à accomplir.

Par exemple, ils indiquent si un objet que nous recherchons est détecté sur une image ou s'activera en fonction d'un caractère reconnu dans un texte manuscrit.

Afin de permettre au réseau de neurones d'établir cette tâche, celui-ci va devoir s'appuyer sur une base de connaissances. Un ensemble d'images sera identifié et marqué avec la présence ou non de l'objet recherché. Certaines images ne contiendront pas l'objet, elles seront marquées d'un zéro et d'autres contiendront l'objet et seront marquées d'un un. Afin de tisser convenablement le réseau et lui permettre de prédire automatiquement la présence ou l'absence de l'objet recherché, nous lui transmettons via sa couche d'entrée l'ensemble des valeurs de chacun des pixels des images. Ensuite, nous lui apprenons à trouver la bonne solution. Cela peut être fait en utilisant l'approche de rétropropagation de l'erreur, qui consiste à partir d'une erreur de sortie, à remonter cette erreur jusqu'aux strates supérieures. Lors de cette phase, la pondération des liens qui existent entre les neurones sera ajustée pour minimiser l'erreur. Ainsi, avec un grand nombre d'images, il sera possible de maximiser la performance du réseau de neurones, de sorte qu'il puisse reconnaitre un objet sur une image inconnue. Les paramètres de chaque neurone seront ajustés et optimisés automatiquement dans le but d'accomplir cette tâche.

8   INTRODUCTION A L'ANALYSE

Il existe une large variété de niveaux et de techniques d'analyse de données. Celles-ci sont tellement vastes qu'elles ne peuvent être listées dans ce livret. Toutefois, nous pouvons distinguer des familles qui correspondent avec des besoins réguliers pour les analystes en particulier dans le cadre du marketing digital et de la gestion de la relation client.

8.1   Statistiques descriptives

Les **statistiques descriptives** constituent la base de toute observation des données. Elle consiste à étudier pour les variables numériques, la valeur moyenne, minimale, maximale, l'écart type, mais aussi les quartiles et la distribution générale des données. Pour les variables ordinales, on peut calculer la médiane même si la valeur moyenne n'a pas de sens. La **médiane** est alors une valeur permettant de couper en deux l'échantillon global de sorte qu'il existe autant de points en dessous de la médiane qu'au-dessus.

Pour les variables catégoriques, on fait souvent appel aux tableaux de contingence. Cette étape est importante, car elle permet d'obtenir un œil rapide sur la teneur des données et d'identifier d'éventuelles anomalies qui nécessiteraient un traitement dédié.

Le **tableau de contingence** permet d'étudier la répartition d'une population selon deux variables. Ainsi, il peut être utilisé pour estimer une dépendance entre deux variables. Les tableaux croisés dynamiques (TCD) sous Excels sont souvent utilisés pour créer des tables de contingence.

Le tableau de contingence ci-après présente le nombre de dépôts relatifs à la propriété intellectuelle en 2018 pour les quatre grandes puissances d'Europe (France, Allemagne, Royaume-Uni, Italie).

Pays	Propriété intellectuelle		
	Brevets	Marques	Dessins et modèles industriels
France	69 120	1 250 615	221 478
Allemagne	180 086	2 355 796	643 987
Royaume-Uni	56 216	1 219 765	196 841
Italie	32 286	1 085 090	361 977

La **boite de Tukey** est une manière de représenter les statistiques descriptives d'une variable numérique. Elle modélise en un seul visuel les 5 indicateurs suivants qui apportent un regard sur la manière dont sont réparties les valeurs.

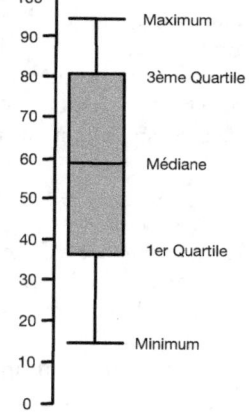

Minimum : la valeur la plus basse à l'exclusion des valeurs aberrantes.

Maximum : la valeur la plus grande à l'exclusion des valeurs aberrantes.

Médiane : Valeur dont il existe autant de points en dessous qu'au-dessus.

Premier quartile : la médiane de la moitié inférieure de l'ensemble de données.

Troisième quartile : la médiane de la moitié supérieure de l'ensemble de données.

Action : Comparez les deux boites de Tukey correspondant aux notes de satisfaction (sur une échelle de 0 à 100) accordées par les clients de deux entreprises A et B.

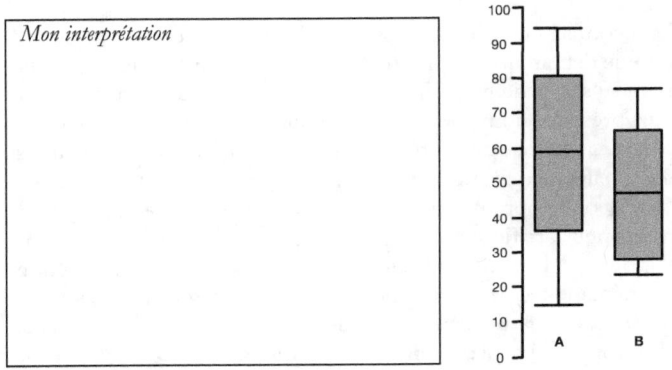

8.2   Apprentissage par la machine

Dans cette section, nous présentons quelques méthodes **d'apprentissage par la machine**. Les approches d'apprentissage par la machine peuvent se découper en deux catégories qui sont les approches **supervisées** et les approches **non supervisées**. On parle d'apprentissage, car la machine s'appuie sur les données pour ajuster des paramètres et optimiser le résultat de l'étude. D'une certaine manière elle apprend à optimiser le résultat souhaité en fonction des données auxquelles elle a accès. Ce type de démarche permet à la machine d'améliorer sa performance pour une tache précise sans avoir été explicitement programmée pour cela. Les algorithmes sont génériques et sont ensuite ajustés par des paramètres qui sont définis (découverts) par la machine.

Approche supervisée : On cherche à prédire ou à expliquer une variable en particulier (un achat, une perte de client). Pour cela, on utilise un algorithme qui va identifier les variables et les relations entre ces variables afin de prédire au mieux la variable cible.

Approche non supervisée : On cherche à identifier des tendances dans la donnée. On souhaite extraire de la valeur et des enseignements sans avoir de variables cibles. Identifier des groupes de clients homogènes (segments) est une approche non supervisée.

La reconnaissance de formes dans une image (p. ex. une personne) est une démarche d'apprentissage supervisé par la machine. Celle-ci va se servir de bases de données contenant des images avec et sans présence humaine. Elle va dessiner des règles pour identifier ce qui caractérise une forme humaine et pouvoir ainsi effectuer sa reconnaissance. Cette démarche s'appuie souvent sur le *deep learning* ou l'apprentissage profond. L'algorithme des **réseaux de neurones artificiels** fait partie de cette famille. Ce dernier s'appuie sur des neurones artificiels (des fonctions mathématiques) qui sont connectés les uns aux autres selon une organisation particulière. Le poids des liens entre les neurones est alors appris par la machine de sorte à optimiser le résultat recherché. Cette approche s'inspire du mode de fonctionnement des neurones biologiques.

Comprendre le mode de fonctionnement d'un réseau de neurones artificiel en vidéo

Nous présentons dans la suite deux algorithmes illustrant les deux catégories. L'algorithme des K-moyennes (K-means) illustrant les approches non supervisées de segmentation. Les arbres de décision illustrant les approches supervisées de prédiction.

8.3   Segmentation

La démarche de segmentation aussi dite de *clustering* permet d'identifier des groupes homogènes. Dans le cas d'une base de données de comportements clients, la segmentation aura pour effet d'identifier différents types de comportements client. Le nombre de segments peut être prédéfini par l'analyste ou laissé au choix de l'algorithme.

La démarche consiste à regrouper les observations similaires en sous-groupes en fonction d'un certain nombre de caractéristiques partagées.

En marketing digital, il est courant de procéder à une segmentation d'une base client avec la **méthode RFM**. Cette démarche identifie des groupes en fonction de trois caractéristiques :

- **R**écence : À quand remonte le dernier achat du client ? *Une valeur forte indique un dernier achat assez ancien. Une valeur faible indique un achat récent.*

- **F**réquence : À quelle fréquence le client achète-t-il ? *Une valeur forte indique de nombreux achats par unité de temps.*

- **M**ontant : Combien dépense-t-il ? *Une valeur forte indique un montant moyen de panier élevé.*

Les significations des trois variables peuvent être ajustées en fonction du secteur et de la finalité de l'étude.

Les variables RFM sont numériques, mais nous pouvons les représenter de manière ordinale pour simplifier l'interprétation. Ainsi, on peut utiliser les modalités suivantes : faible, moyen, élevé.

Il est possible d'ajouter d'autres attributs afin d'obtenir une vision plus complète des segments clients. Nous pouvons également utiliser cette technique pour identifier les variables étant les plus porteuses pour la tâche à accomplir. Ainsi, en analysant un fichier client de plus de 20 variables, la méthode peut vous permettre d'identifier les variables les plus représentatives des différences entre les groupes de comportements.

 Action : Selon cette répartition, interprétez les quelques possibilités ci-après.

Récence	Fréquence	Montant	Interprétation
Faible	Forte	Fort	Le client est très attaché à la marque, il est fidèle et

			investi beaucoup dans les produits ou les services de l'entreprise.
Faible	Faible	Fort	_____ _____ _____ _____
Forte	Forte	Fort	_____ _____ _____
Forte	Faible	Faible	_____ _____ _____

Algorithme des K-moyennes

L'algorithme des **K-moyennes** est un algorithme d'apprentissage par la machine non supervisé. Il permet à partir d'un échantillon de données de créer K groupes en fonction des similarités entre les points de données. Ainsi, d'une base de données clients, il peut permettre de créer des segments. Il est important de noter que cet algorithme est capable de travailler en grandes dimensions sur des échantillons de très grande taille. Dans la suite, pour favoriser la compréhension de la démarche, nous l'illustrons en deux dimensions sur un ensemble d'environ 50 clients catégorisés selon leur âge et le panier moyen.

Observez le visuel suivant. Dessinez les contours des trois groupes que vous identifiez.

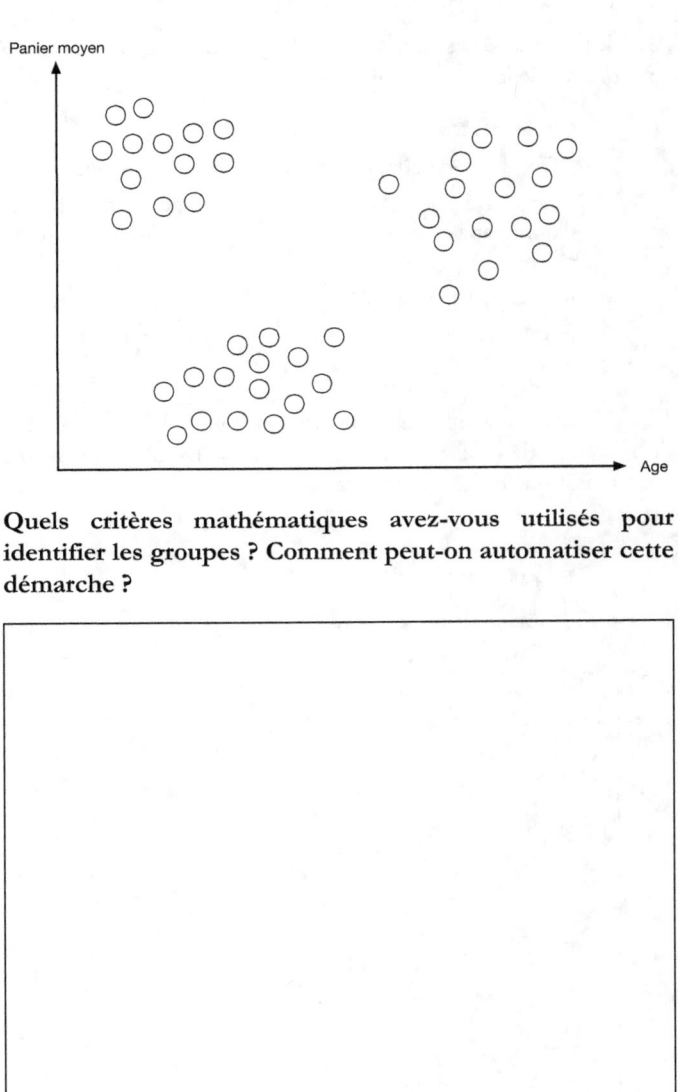

Quels critères mathématiques avez-vous utilisés pour identifier les groupes ? Comment peut-on automatiser cette démarche ?

Afin de procéder à la segmentation, **l'algorithme** des k-moyennes va procéder de la manière suivante.

1. Choix aléatoire de K référents
2. Affectation de chaque point au référent le plus proche.
3. Calcul du point moyen pour chaque groupe et identification de ce point moyen comme nouveau référent
4. Reprendre à l'étape (2)
5. Arrêter quand plus aucun point ne change de groupe

L'algorithme prend en compte la distance d'un point à la moyenne des points de son groupe. Il s'agit alors d'un problème d'optimisation. Il faut de minimiser la somme des carrés de ces distances.

Phase I : Choix aléatoire de K référents

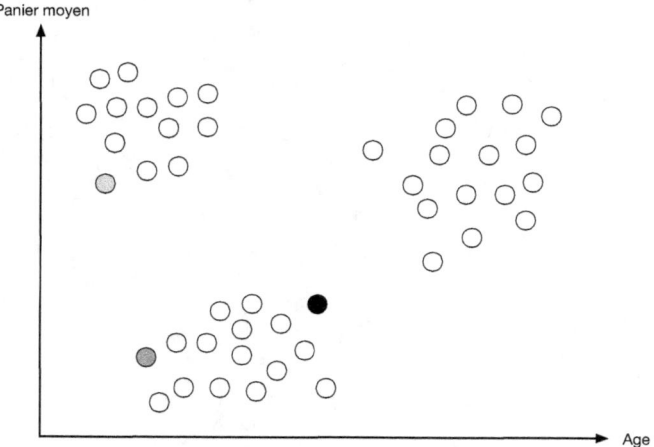

Phase II : Affectation de chaque point au référent le plus proche.

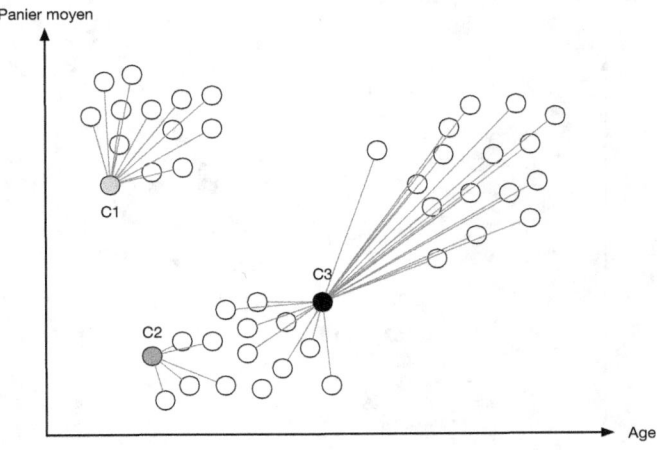

Nous disposons d'une première segmentation en trois groupes.

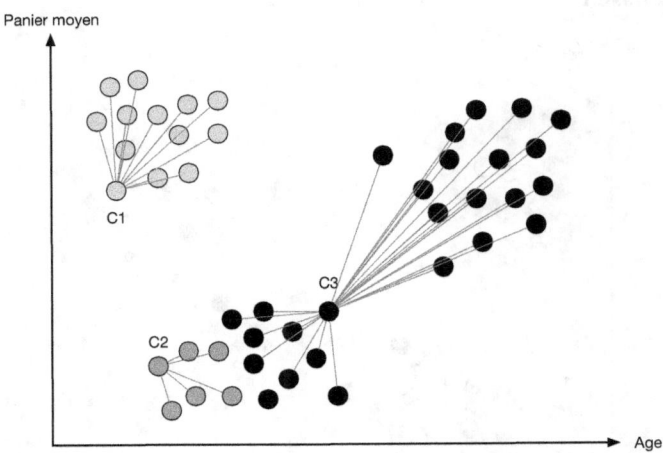

Phase III : Calcul du point moyen pour chaque groupe et identification de ce point moyen comme nouveau référent

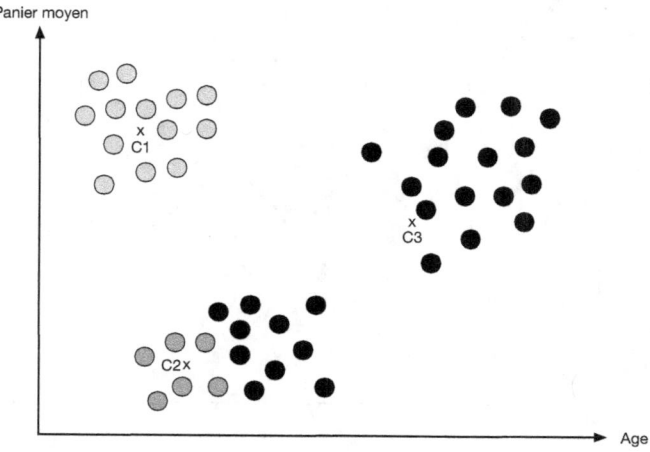

Phase IV : Reprendre à l'étape (2)

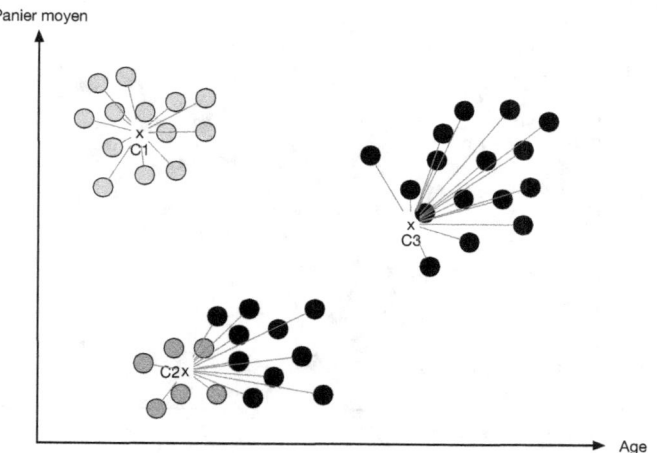

Nous obtenons ainsi une nouvelle segmentation.

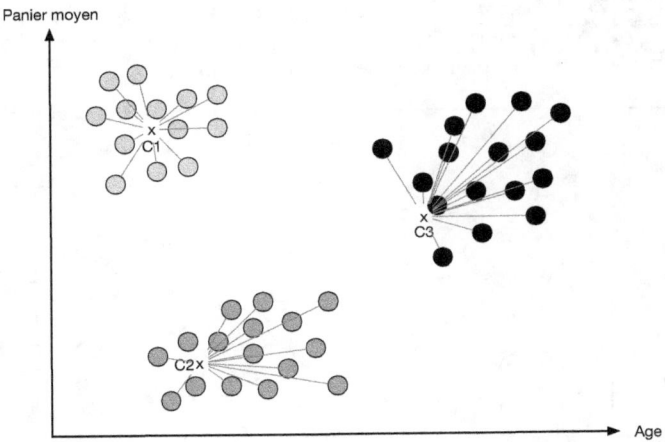

À la suite de cette étape, les groupes sont stables et l'algorithme s'arrête.

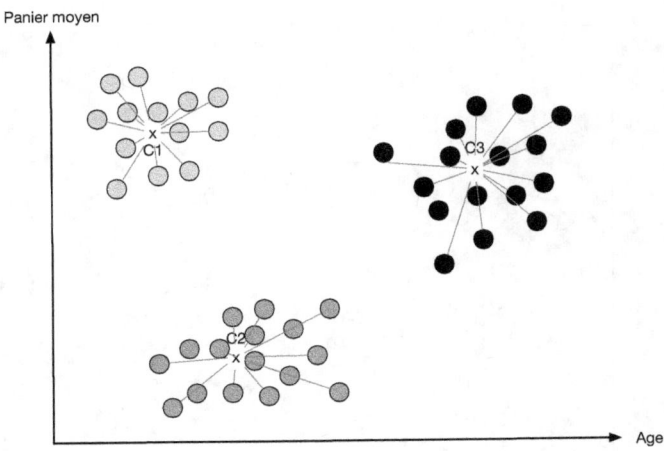

Action : Reproduire la démarche de l'algorithme en partant des trois nouveaux points aléatoires ci-dessous. Vous pouvez colorer les illustrations.

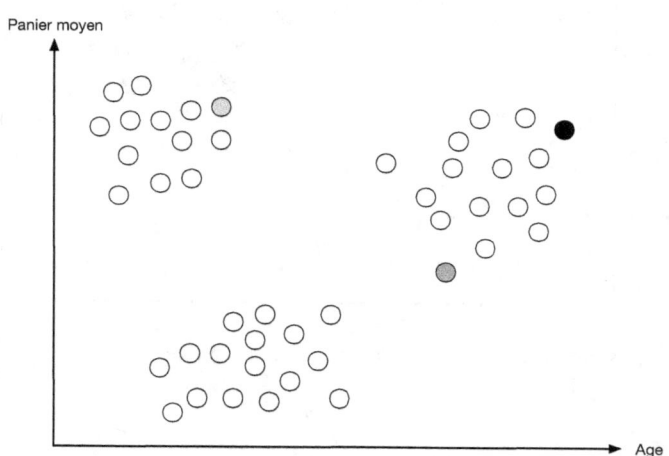

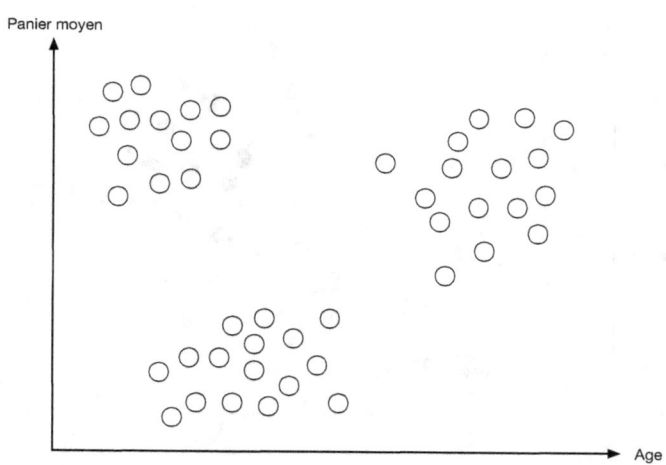

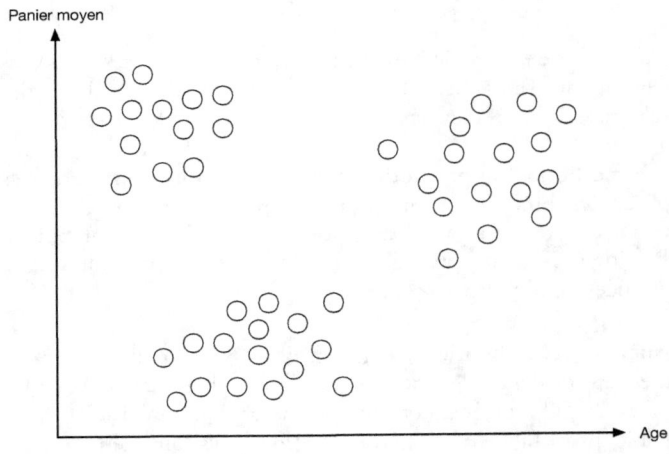

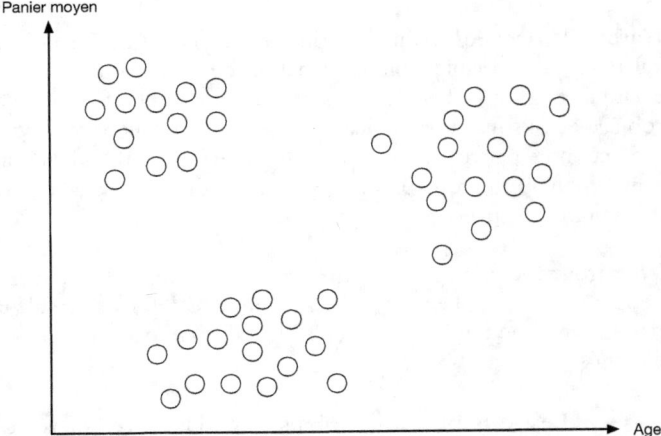

Dans la section 9.2, vous aurez la possibilité de mettre en pratique ce cas d'usage avec l'aide d'un logiciel spécialisé.

8.4   Prédiction

Les méthodes prédictives visent à construire des modèles permettant d'anticiper des tendances futures sur la base des schémas observés dans les données récoltées par le passé.

Les **méthodes de prédiction** consistent à utiliser les tendances observées précédemment pour prédire l'avenir. Par exemple, tenter de prédire le nombre de ventes sur un site géographique spécifique pour un produit en particulier en s'appuyant sur les données des dix dernières années.

Anecdote : La **théorie du cygne noir** de Nassim Nicholas Taleb met en évidence les limites des approches prédictives. En particulier, il fait référence à des évènements imprévisibles à très faible probabilité d'apparition qui lorsqu'ils ont lieu ont des conséquences exceptionnelles. Pour en savoir plus, consultez l'œuvre de l'auteur « *Le Cygne noir : La puissance de l'imprévisible* ». Le cygne noir met en évidence les limites de l'usage des algorithmes prédictifs.

L'**arbre de décision** est un algorithme qui permet de prédire les valeurs d'une variable cible en fonction de caractéristiques. Par exemple, prédire l'achat d'un produit par un client en fonction de son âge et de son statut marital. Précisons que les algorithmes de prédiction ne peuvent habituellement pas effectuer de prédiction sans erreur. Toutefois, on recherche à prédire correctement le maximum de situations.

Vous trouverez ci-dessous l'illustration d'un arbre de décision. Ce dernier représente l'ensemble des choix possibles et la valeur prédite en fonction des différents cas. Il comporte trois types d'entités :

- **Les variables** ou attributs qui sont placés dans des rectangles.
- **Les feuilles** sont situées aux extrémités des branches et comportent la valeur prédite. Ce sont les valeurs possibles pour la variable cible.

- **Les branches** relient les attributs et comportent des valeurs précisant la condition requise pour suivre la flèche.

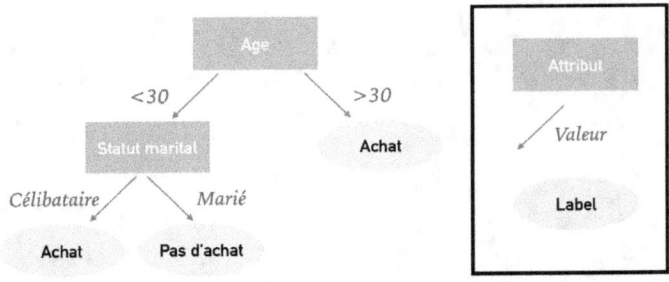

 Action : Étant donné l'arbre de décision ci-dessus, classifiez les clients suivants et répondez aux questions.

Age	Statut marital	Comportement
35	Marié	
20	Célibataire	
55	Marié	
22	Célibataire	
35	Marié	
20	Célibataire	
55	Inconnu	
Inconnu	Célibataire	

Quelles sont les limites que l'on peut adresser à un tel modèle ? En quoi n'est-il pas réaliste ?

Construire un arbre de décision

Nous souhaitons créer un arbre de décision permettant d'identifier si un client est susceptible d'acheter un modèle de montre de luxe. La marque a pour cela pris note de trois caractéristiques concernant les 12 clients ayant testé l'article en magasin. Les caractéristiques sont les suivantes :

- **Lunette** : le client porte ou non des lunettes
- **Cravate** : le client porte ou non une cravate
- **Chapeau** : le client porte ou non un chapeau

Pour chaque client, la marque a noté si la montre a finalement été achetée ou non.

Voici les 12 clients en question.

 Action : Construire un arbre de décision permettant de prédire l'acte d'achat en fonction des caractéristiques des clients.

UN MONDE DE DONNEES

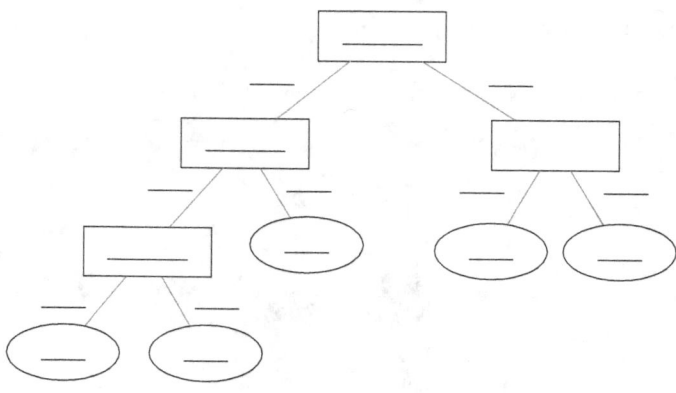

Scannez
pour obtenir une solution possible.

Pensez-vous que votre arbre soit le plus optimal ? Contient-il des branches inutiles ?

Comment pensez-vous qu'il soit possible d'automatiser la démarche de création de l'arbre ? Quel serait le principe de votre algorithme ?

Les algorithmes permettent de construire automatiquement un arbre à partir des données. Ainsi, grâce à un procédé mathématique, les variables seront positionnées les unes par rapport aux autres et sous certaines conditions de leurs valeurs pour finalement mener aux décisions apparaissant dans les feuilles de l'arbre. La démarche peut s'appuyer sur la **mesure du désordre** (entropie) pour tenter, à chaque nouvelle branche de l'arbre, de séparer les instances menant à des décisions différentes et de regrouper celles menant à des décisions similaires.

UN MONDE DE DONNEES

9 METTRE EN PRATIQUE AVEC RAPIDMINER

Nous allons désormais mettre en pratique une fouille de données avec un logiciel qui ne requiert aucun prérequis technique : RapidMiner. Pour commencer, vous pouvez télécharger l'outil RapidMiner Studio depuis le site officiel. Vous pouvez flasher le code ou vous rendre à l'adresse suivante.

https://my.rapidminer.com/nexus/account/index.html#downl oads

Lors de l'ouverture du logiciel, débutez avec un processus vide ou blanc. L'interface du logiciel se présente alors de la manière suivante. Voici les 6 éléments clés de l'interface.

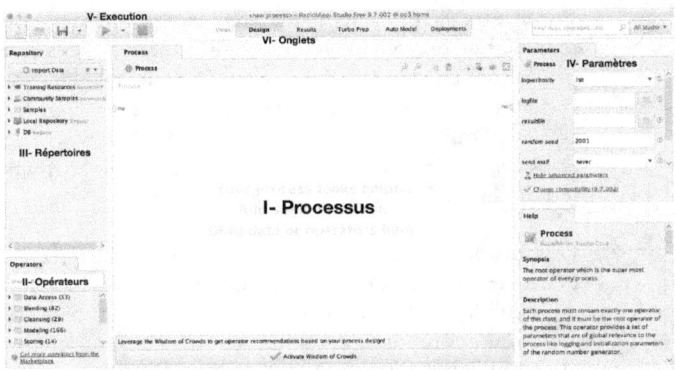

I. **Processus** : C'est l'emplacement de l'ensemble des traitements et opérations qui seront effectués sur les données. Elle se présente comme une succession de modules (rectangulaires) connectés les uns aux autres. Chaque étape est exécutée avant la suivante et ainsi de suite jusqu'au résultat final. Le dernier module doit habituellement être connecté au point *res* pour résultat qui apparait en haut à droite de la fenêtre processus.

II. **Opérateurs** : C'est sur cette fenêtre que vous pourrez rechercher les modules nécessaires pour effectuer des opérations sur les données. Il peut s'agir de traitements de nettoyage, filtrage des données, mais aussi des algorithmes d'intelligence artificielle. Les fonctions de lecture ou d'écriture de fichiers ou bases de données sont aussi disponibles dans les opérateurs. Le haut de la fenêtre permet de rechercher un opérateur sur la base d'une partie de son nom.

III. **Répertoires** : Il s'agit d'un emplacement pour un certain nombre de ressources. Des tutoriels, mais aussi les fichiers de votre disque et enfin des échantillons de données bien utiles pour démarrer. C'est depuis cet onglet que nous récupèrerons les données nécessaires à nos exercices pratiques.

IV. **Paramètre** : Il s'agit d'une fenêtre permettant de paramétrer un opérateur lorsqu'il se situe dans un processus en cours. Pour cela, il faut cliquer sur l'opérateur en question et ajuster les paramètres dans cet onglet. Pour un opérateur de filtrage comme *select attributes*, ce dernier permet de choisir les attributs (colonnes du fichier) à garder ou à ignorer.

V. Le **bouton d'exécution** du processus. Il permet de démarrer la chaine de traitement et s'il n'y a pas d'erreurs, d'obtenir le résultat souhaité dans l'onglet dédié. Si votre processus comporte des erreurs, des conseils et des alertes apparaitront dans la fenêtre processus.

VI. Les **onglets** utilisés seront principalement l'onglet Design qui comporte toutes les fenêtres indiquées ici et l'onglet résultat qui permet de visualiser les résultats de votre processus. Certains processus feront apparaitre de nouveaux onglets qui afficheront des résultats spécifiques à votre étude. Si vous êtes perdu dans l'interface du logiciel, c'est possiblement que vous n'êtes plus dans l'onglet Design.

Conseil : Si certaines fenêtres ont disparu de votre interface, vous pouvez remettre à zéro l'affichage de la manière suivante (Vue -> Restaurer la vue par défaut).

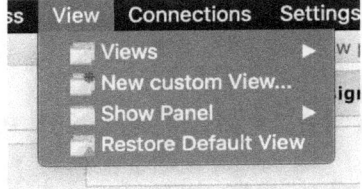

9.1 Prise en main et statistiques descriptives

Pour débuter avec RapidMiner, nous proposons d'afficher les **statistiques descriptives** d'un échantillon de données correspondant à des produits. Ce fichier contient 5 colonnes : numéro de ligne, identifiant produit, nom du produit, catégorie du produit et prix. L'objectif est d'étudier le prix des produits pour en extraire le minimum, maximum, la moyenne et l'écart type.

Row No.	Product ID	Product Na...	Product Ca...	Price
1	1	Repressitol	9	35.540
2	2	Ritalout	10	35.480
3	3	Comanapracil	10	475.370
4	4	Serum 114	8	303.800
5	5	Hypnocil	10	499.130
6	6	Substance D	4	126.700
7	7	Hydronium ...	4	89.580
8	8	Azoth	1	201.030
9	9	Digitalin	5	5.610

Pour commencer, importez l'échantillon de données en cliquant déplaçant «Products» depuis l'onglet répertoires *Samples, Data* vers la fenêtre du processus. Connectez maintenant la sortie au résultat comme indiqué sur l'image ci-dessous. Exécutez et vérifiez que vous obtenez bien les données comme indiqué ci-dessus.

Quel est le prix du produit Ambrosia ? _____

Recherchez l'opérateur *extract aggregates* depuis l'onglet dédié et ajoutez-le entre les données et la sortie. À l'aide de l'onglet paramètre, indiquez que la seule variable que vous souhaitez étudier est la variable prix. Exécutez le processus.

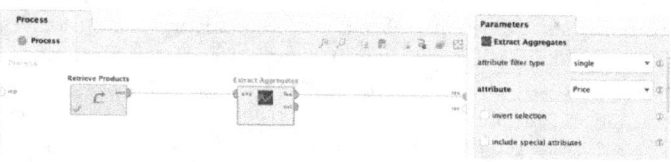

Remplissez le tableau avec les résultats obtenus.

Moyenne	Médiane	1er quartile

3ème quartile	Minimum	Maximum

Dessinez, sur la page suivante, la boite de Tukey correspondant à la variable prix. Que pouvez-vous en conclure ?

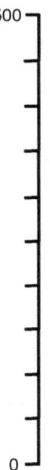

500

0

Enlever l'opérateur *Extract attribute* et vérifiez votre boite de Tukey en exécutant le processus puis en navigant dans résultats, statistiques, Boxplot et en choisissant *prix*.

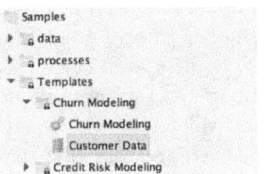

9.2 Segmentation

Dans cette section, nous proposons de partir à la recherche de tendances dans le comportement client d'un opérateur mobile. L'objectif est de pouvoir caractériser les **persona** (personnage fictif représentant un groupe ou segment cible) de cet opérateur sur la base des données. Cela permettra aussi de mesurer la valeur client associée à chaque persona.

Le processus présenté ici pourra se réaliser automatiquement et sur des milliers de clients pouvant être caractérisés par des centaines de variables.

L'échantillon de données que nous utiliserons est situé dans le répertoire samples, templates et churn modeling. Il s'intitule Customer Data.

Le fichier se présente de la manière suivante. Chaque client est représenté par une ligne et par 7 valeurs dont seulement 4 seront exploitées dans le cadre de notre analyse.

Row No.	Technology	Age	CustomerSince	SupportCallsLastYear	AverageBill	ChurnIndicator
1	4G	1	Jun 6, 2013 4:27:16 PM CEST	1	71	0.013
2	phone	46	Oct 5, 2011 4:27:16 PM CEST	0	88	0.006
3	4G	47	Jul 24, 2012 4:27:16 PM CEST	1	80	0.016
4	phone	43	Aug 31, 2010 4:27:16 PM CEST	1	64	0.021
5	fiber	37	Jul 24, 2011 4:27:16 PM CEST	2	105	0.032
6	phone	10	Jul 4, 2010 4:27:16 PM CEST	0	44	0.016
7	landline	56	Aug 6, 2015 4:27:16 PM CEST	0	16	0.001

Un client de l'opérateur est associé à son **âge**, sa **date de premier contrat** avec l'entreprise, **le nombre d'appels aux services supports** l'année dernière et le **montant moyen de ses factures.**

Pour commencer, nous devons préparer les données en filtrant les 4 colonnes qui nous intéressent pour l'analyse, mais aussi en nettoyant et formatant les variables. En effet, pour effectuer une segmentation, nous allons exploiter l'algorithme *k-means* qui s'appuie sur un calcul de distance entre les clients. Cette distance ne peut s'appliquer que sur des valeurs numériques, mais la variable *custumer since* est une date. Il faudra donc transformer la date en un autre indicateur, en l'occurrence l'année de prise d'effet du premier contrat.

Démarrez un nouveau processus puis affichez les données client avec le processus suivant

Le filtrage

Nous allons désormais filtrer les données pour ne conserver que les variables que vous souhaitez intégrer à l'analyse. Pour cela, nous allons utiliser l'opérateur *Select Attribute* qui se placera entre les données et la sortie *res*. Cet opérateur doit se paramétrer pour indiquer les colonnes que vous souhaitez garder. Pour cela, cliquez sur l'opérateur depuis la fenêtre processus et consultez les paramètres à droite. Dans *attribute filter type*, choisir *subset* et cliquez ensuite sur le bouton *Select attribute* juste en dessous. Nous garderons les quatre variables suivantes : *Age*, *Customer Since*, *SupportCalllastYear*, *Average Bill*.

Le paramétrage s'effectue en deux temps :

1- Le choix de l'*attribute filter type* (type de filtre) en *subset* (plusieurs variables), cliquez alors sur *Select Attributes* :

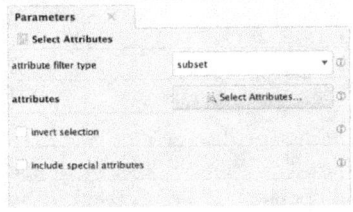

2- Le choix des attributs en les déplaçant de la fenêtre de gauche à la fenêtre de droite. Validez en cliquant sur *Apply*.

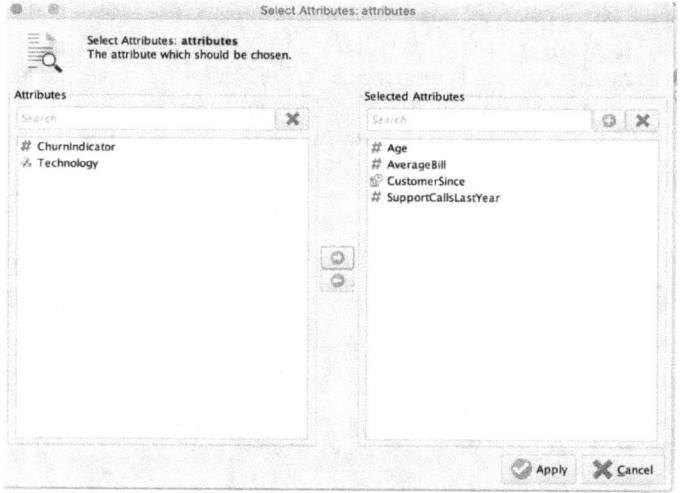

Le prétraitement

Il est désormais nécessaire de convertir la date en nombre afin de pouvoir y appliquer l'algorithme de segmentation *k-means*. Pour cela, recherchez l'opérateur *DateToNumerical* dans les opérateurs (en bas à gauche). Ajoutez-le à la suite du processus.

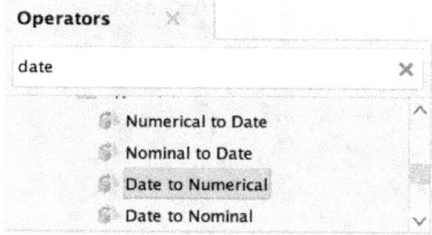

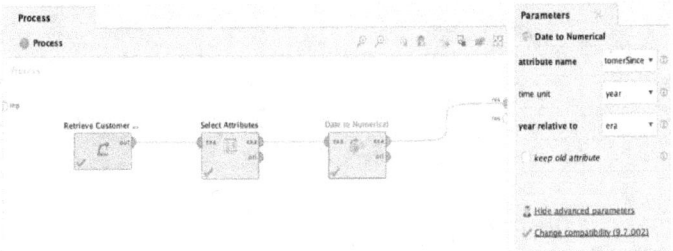

L'opérateur doit être paramétré pour indiquer l'attribut à transformer (*CustomerSince*). L'unité de temps que l'on souhaite mesurer (des années) et le référentiel pour le comptage (ici, era).

Vérifiez que la procédure fonctionne en exécutant le processus.

 Action : Exécutez le processus et depuis la fenêtre résultat, utilisez le tableau de valeur pour remplir la page suivante. Il sera utile pour la suite de l'analyse.

Variable	Minimum	Maximum
Age	———	———
Custumer Since	———	**2015**
SupportCalllastYear	**0**	**10**
Average Bill	———	———

Quel problème pouvons-nous rencontrer en mesurant la distance entre les clients afin d'identifier les groupes ?

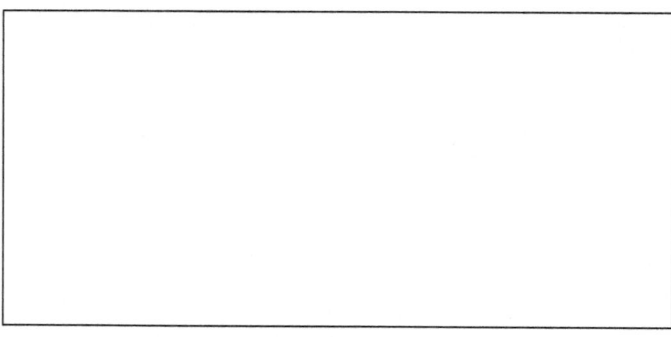

Afin de pouvoir segmenter les clients sur la base de variables et sans discriminer celles-ci à cause des ordres de grandeur, il est nécessaire d'effectuer une **normalisation**. Celle-ci consiste à ajuster les valeurs mesurées sur différentes échelles pour les aligner sur une échelle commune. Ainsi, elles pèseront avec la même importance dans la segmentation.

Par exemple, on peut faire en sorte que toutes les valeurs soient comprises entre 0 et 1. Zéro correspondant à la valeur minimale observée et 1 à la valeur maximale.

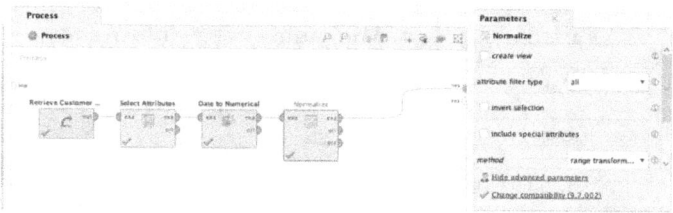

Utilisez l'opérateur *Normalize* pour effectuer cette opération. La méthode utilisée sera *range-transform*. Exécutez le processus et vérifiez que toutes les valeurs sont désormais comprises entre 0 et 1.

Désormais, ajoutons la dernière pierre à l'édifice, la **segmentation**. Ajoutez l'opérateur *k-Means* (k=5) à la fin du processus.

Vous devriez désormais obtenir le processus final suivant.

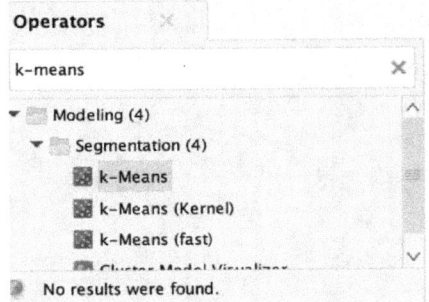

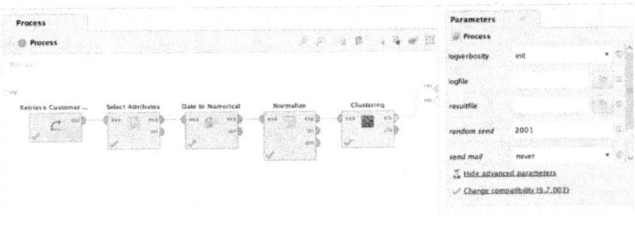

 Action : Exécutez-le et passez à l'interprétation des résultats.

Combien de clients sont présents dans chacun des segments ?

Groupe	Nombre de membres
1	
2	
3	

4	
5	

Explorons les différents groupes. Pour cela, cliquez sur *plot* dans l'onglet résultat.

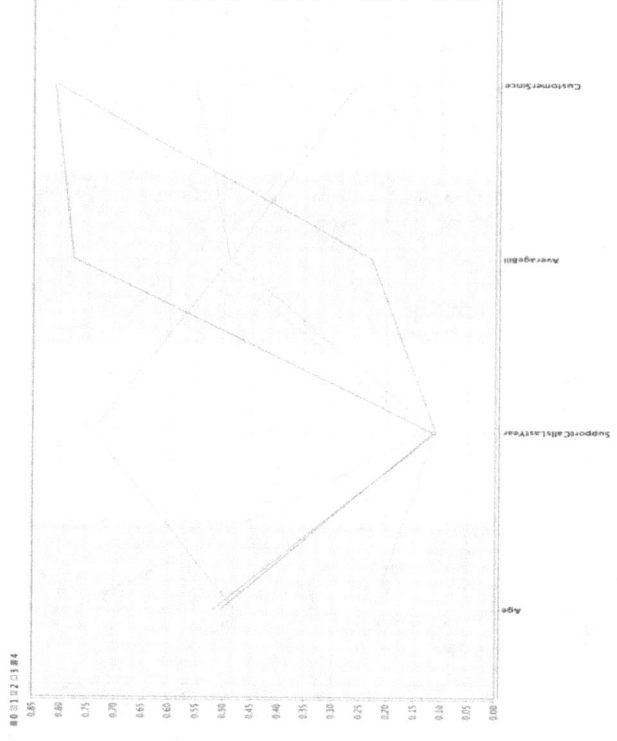

Chaque groupe est représenté par une couleur et donc par des segments de droite sur le visuel. Pour l'interprétation, il faut observer où se situe chaque segment par rapport aux variables représentées en abscisse et analyser la valeur en ordonnée.

Prenons, le cas du groupe 1, il est illustré plus clairement dans la figure suivante.

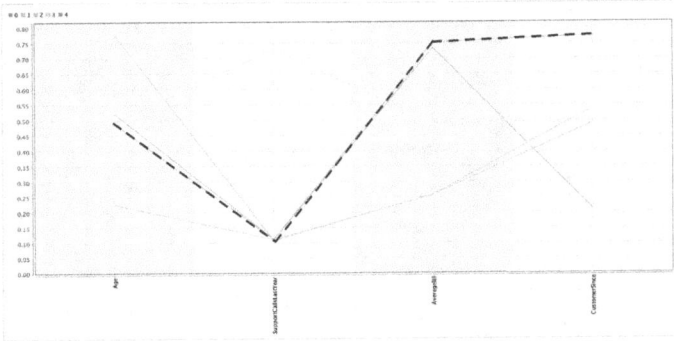

Le groupe (en pointillé) est caractérisé par un âge plutôt moyen, un nombre d'appels aux services supports plutôt faibles, un panier plutôt élevé et un nombre d'années depuis le début du contrat assez faible (l'année du contrat est élevée).

On peut préciser de manière beaucoup plus fine ces observations. Les valeurs moyennes du persona se dégageant de ce groupe sont obtenues en remplissant le tableau suivant :

Attribut	Valeur (a)	b=(maximum − minimum)	minimum + a*b
Age	0,503	80-0	40,24
Supportcall	0,115	10-0	1,15
AverageBill	0,776	110-10	77,6
CustomerSince	0,811	2015-2010	2014

Les valeurs exactes pour remplir la première colonne du tableau se trouvent dans l'onglet *Centroid Table*. Les autres valeurs sont dans votre tableau de la page 81.

Groupe ____

Attribute	cluster_4
Age	0.503
SupportCallsLas...	0.115
AverageBill	0.776
CustomerSince	0.811

Persona du groupe (représente 2260/9990 soit **22,6 %** des clients)
*Individu d'un peu plus de **40 ans**, abonné depuis **2014** et qui appelle **une fois par an** le service client. Il dépense en moyenne **25 euros** de forfait.*

 Action : Continuer le même exercice pour les 4 autres groupes.

Groupe ____

Attribut	Valeur (a)	b=(maximum − minimum)	minimum + a*b
Age		80-0	
Supportcall		10-0	
AverageBill		110-10	
CustomerSince		2015-2010	

Persona du groupe (représente ____/9990 soit __% des clients)
*Individu d'un peu ____ de ____ **ans**, abonné depuis ____ et qui appelle ____ **fois par an** le service client. Il dépense en moyenne ____ **euros** de forfait.*

Groupe ___

Attribut	Valeur (a)	b=(maximum − minimum)	minimum + a*b
Age		80-0	
Supportcall		10-0	
AverageBill		110-10	
CustomerSince		2015-2010	

Persona du groupe (représente ____/9990 soit __% des clients)
*Individu d'un peu ___ de ___ **ans**, abonné depuis ___ et qui appelle ___ **fois par an** le service client. Il dépense en moyenne ____ **euros** de forfait.*

Groupe ___

Attribut	Valeur (a)	b=(maximum − minimum)	minimum + a*b
Age		80-0	
Supportcall		10-0	
AverageBill		110-10	
CustomerSince		2015-2010	

Persona du groupe (représente ____/9990 soit __% des clients)
*Individu d'un peu ___ de ___ **ans**, abonné depuis ___ et qui appelle ___ **fois par an** le service client. Il dépense en moyenne ____ **euros** de forfait.*

Groupe ___

Attribut	Valeur (a)	b=(maximum − minimum)	minimum + a*b
Age		80-0	
Supportcall		10-0	
AverageBill		110-10	
CustomerSince		2015-2010	

Persona du groupe (représente ____/9990 soit __% des clients)
Individu d'un peu ____ *de* ____ **ans**, *abonné depuis* ____ *et qui appelle* ____ **fois par an** *le service client. Il dépense en moyenne* ____ **euros** *de forfait.*

Quel groupe à la plus grande valeur client ? Quelles offres commerciales peuvent être effectuées, à quels groupes et dans quels objectifs ?

Notons que si vous recherchez un nombre précis de persona dans votre base clients, vous pouvez paramétrer l'algorithme de clustering. Il faut modifier le paramètre k de l'algorithme. L'image ci-dessous illustre la recherche de seulement 3 persona.

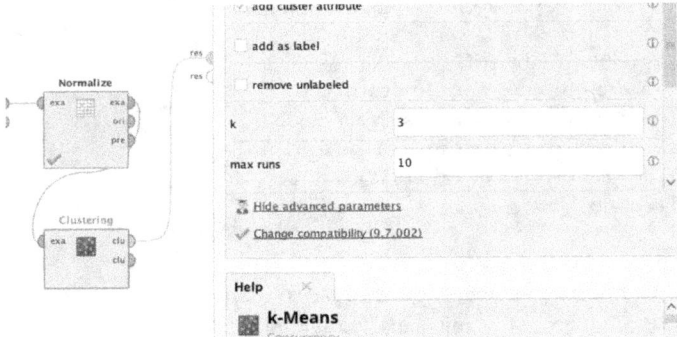

Pour utiliser vos résultats dans des outils dédiés (CRM, emailing), vous pouvez **exporter** votre analyse dans un fichier Excel. Pour cela, utilisez la seconde sortie du composant Clustering que vous reliez au module Write Excel permettant de remplir les cellules d'un fichier Excel de votre machine.

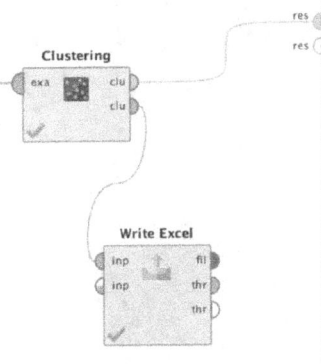

9.3 Prédiction

Mettons en pratique l'exercice de la prédiction au travers de l'algorithme d'arbre de décision. Dans cette section, nous allons utiliser les données relatives aux passagers du Titanic pour tenter de prédire la survie ou non des passagers. L'objectif étant à la fois de **prédire correctement le destin d'un maximum de passagers,** mais aussi de **mieux comprendre leur histoire** et les facteurs ayant été critiques pour la survie.

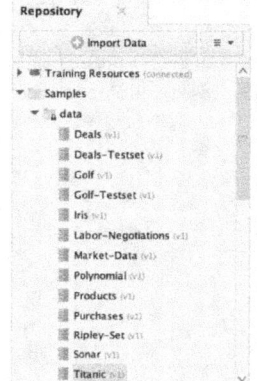

1. Pour commencer, affichez le contenu de l'échantillon de données du Titanic dans l'outil RapidMiner. Débutez avec un projet vierge. L'échantillon de données est disponible dans le dossier Samples, data, Titanic (v1). Déplacez le fichier dans la fenêtre processus puis reliez le à la sortie (res). Cliquez sur Run pour visualiser le fichier.

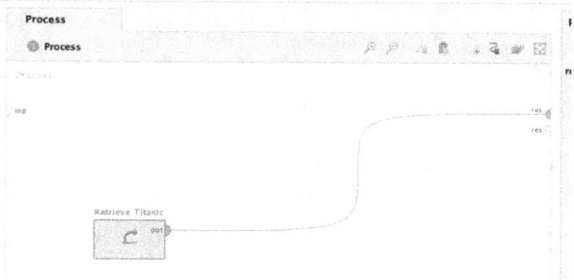

2. Quelles sont les variables de l'échantillon ? Parmi toutes ces variables lesquelles pouvez-vous intégrer à la prédiction ? Expliquez pourquoi les autres sont à exclure.

Variable	Interprétation	Conserver ou Exclure

Nous allons désormais filtrer les données pour ne conserver que les variables que vous souhaitez intégrer à l'analyse. Pour cela, nous allons utiliser l'opérateur *Select Attribute* qui se placera entre les données et la sortie *res*. Cet opérateur doit se paramétrer pour indiquer les colonnes que vous souhaitez garder. Pour cela, cliquez sur l'opérateur depuis la fenêtre processus et consultez les paramètres à droite. Dans *attribute filter type*, choisir *subset* et cliquez ensuite sur le bouton *Select attribute* juste en dessous.

Le processus :

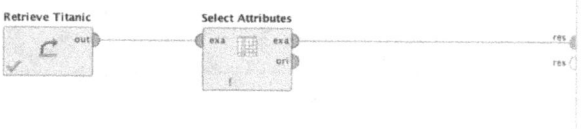

Le paramétrage :

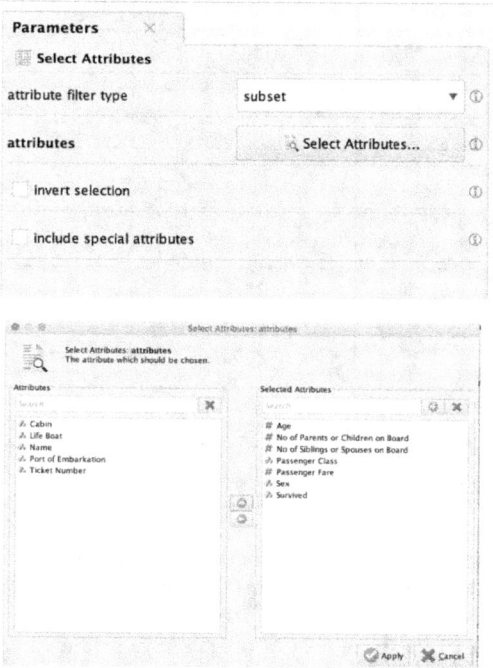

Validez puis exécutez le processus. Vous pouvez alors vérifier que certaines colonnes n'apparaissent plus dans le fichier résultant.

La prochaine étape consiste à identifier la variable à prédire et à l'indiquer dans l'outil. Pour cela, utilisez l'opérateur *SetRole* qui permet de définir des rôles aux variables. Choisir *Survived* et lui définir le rôle *label*.

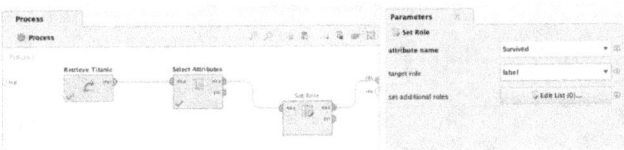

La dernière étape est d'appliquer l'algorithme d'arbre de décision pour prédire la survie des passagers. Pour cela, utilisez l'opérateur *DecisionTree*. Le processus complet est donc le suivant.

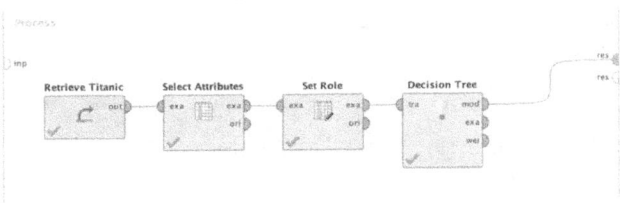

En exécutant le processus vous observerez que l'arbre de décision obtenu est de très grande taille. Pour exploiter celui-ci, il est préférable de le simplifier en réduisant sa profondeur. Définissez la profondeur de l'arbre à 6 depuis les paramètres de l'opérateur puis exécutez le processus.

Expliquez le chemin surligné (en foncé) sur la figure de la page suivante.

Pourquoi la partie de l'arbre menant à la conclusion « Non » n'est-elle pas détaillée par rapport à l'autre branche de l'arbre ? À quoi correspond-elle ?

Vous pouvez désormais mettre en pratique la prédiction de la perte d'un client en utilisant la même démarche.

10 VISUALISATION & STORYTELLING

10.1 Visualisation

Le big data et la grande transformation digitale ont permis l'émergence d'une stratégie d'entreprise organisée autour de la donnée. Si l'analyse de données a convaincu par ses performances remarquables, il reste essentiel de pouvoir **communiquer efficacement les résultats** de ces captations et analyses. Cette section vous accompagne vers les bonnes pratiques de la visualisation des données et du storytelling.

Donnez-vous 100 % de chances de succès grâce à des visualisations engageantes et scénarisées.

Intérêt d'une visualisation

La visualisation de données a pour objectif de maintenir la **clarté** et **l'intégrité** de la donnée tout en générant **l'engagement** auprès des lecteurs. Il s'agit de l'un des moyens les plus efficace de communication car 80 % des informations que captent le cerveau passent par l'image. Cette approche dispose d'un avantage significatif : elle permet de représenter un **large volume de données**.

Nous vous proposons de débuter l'initiation à la visualisation des données par un tout petit exercice qui explicite l'intérêt d'une telle approche.

Action : Accompagnez-vous d'une montre et déclenchez le chronomètre - le temps pour vous de parcourir le tableau ci-dessous et d'identifier le plus rapidement possible dans cette liste les trois pays avec les valeurs du taux de chômage les plus élevées.

Les trois pays :

1 _____ 2 _____ 3 _____

Mon temps : _____ secondes

AUS	5.805801
AUT	5.733345
BEL	7.591679
CAN	6.7
CZE	3.289252
DNK	6.047936
FIN	8.807858
FRA	9.541079
DEU	3.951744
GRC	22.39541
HUN	4.312057
ISL	2.930909
IRL	6.759297
ITA	11.45787
JPN	2.866667
KOR	3.766667
LUX	6.107223
MEX	3.500824

Maintenant, reproduisez l'exercice sur la visualisation ci-dessous. Attention, les valeurs ne sont plus les mêmes.

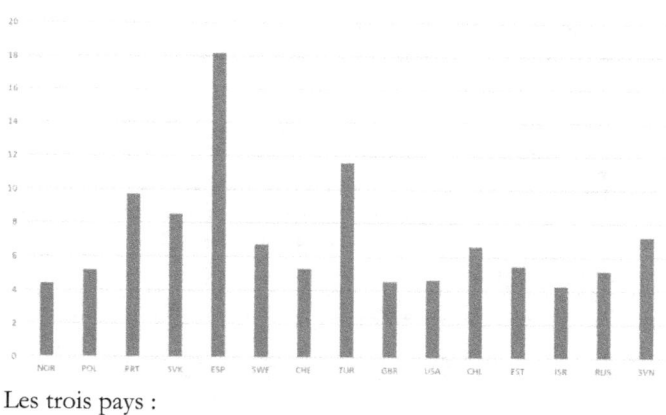

Les trois pays :

1 _____ 2 _____ 3 _____

Mon temps : _____ secondes

À votre avis, pour quelles raisons avez-vous été plus performant sur le second exercice ? Essayez de proposer une explication détaillée impliquant vos habitudes et le mode de fonctionnement de votre cerveau.

_____

_____

_____

_____

_____

_____

_____

_____

_____

Choix du graphique

Il existe un large spectre des graphiques. Certains graphes sont plutôt communs comme le graphique en ligne, graphique à colonnes, nuage de points ou diagramme circulaire aussi connu sous le nom de diagramme camembert. D'autres sont moins répondus, comme le diagramme en pentes (slope graph) ou le diagramme en cascades (waterfall).

Le choix de graphique va dépendre **des données** que vous voulez montrer mais également de **l'objectif de votre communication** et du **message** que vous souhaitez transmettre. Un même graphique peut être pertinent pour un type de données et un message en particulier et être inadapté dans un autre cas.

Visualisation = Données + Objectif(s)

Nous l'avons déjà abordé, les données peuvent être de type :

1. Numériques : les valeurs chiffrées dont souvent la référence est à zéro
   a. Température, poids, hauteur, largeur, nombre de ventes, bénéfices, chiffre d'affaires

2. Catégoriques ordonnées (Ordinales) : des valeurs qui ne sont pas numériques mais qui possède un ordre de comparaison
   a. Dates, tailles de t-shirts, âge, diagnostique énergétique, notes ECTS
3. Catégoriques non ordonnées (Nominales) : Ce sont des valeurs non numériques qui ne possède pas d'ordre de grandeur.
   a. Villes, couleurs, types, formes, nom de produits, secteur d'activité

Pratique 1 :
Considérez les données de ventes des oranges et des pommes présentes dans le tableau 1. Pour chaque année, le nombre de tonnes vendues est indiqué.

Table 1 : Récapitulatif des ventes 2011-2020

Année/Produit	Oranges	Pommes
2011	100	80
2012	110	70
2013	140	50
2014	170	100
2015	120	130
2016	190	180
2017	220	220
2018	250	160
2019	240	260
2020	399	370
Total	**1840**	**1620**

1. Les trois types de données sont présentes dans le tableau. Pouvez-vous les identifier et les annoter ?
   a. Numériques – _____
   b. Ordinales – _____
   c. Nominales – _____

2. Utilisez un crayon de papier pour dessiner quatre visualisations différentes représentant la totalité ou une partie des données du tableau.

a.

Objectif : _____
_____

b.

Objectif : _____
_____

c.

Objectif : _____
_____

d.

Objectif : _____
_____

3. Lequel de ces deux diagrammes est le plus adapté pour représenter la totalité des données du tableau 1 ?

  ☐ Graphique en ligne
  ☐ Graphique en colonnes

4. Est-ce possible de représenter ces données avec un nuages de points ?

  ☐ Oui   ☐ Non

5. Est-ce possible de représenter ces données avec un diagramme camembert ?

  ☐ Oui   ☐ Non

Pratique 2 :

Considérez maintenant les données du taux de chômage dans le Tableau 2.

Table 2 : Taux de chômage dans certains pays

Pays	Taux
AUS	5,81
AUT	5,73
BEL	7,59
CAN	6,70
CZE	3,29
DNK	6,05
FIN	8,81
FRA	9,54
DEU	3,95
GRC	22,40
HUN	4,31
ISL	2,93
ITA	11,46
JPN	2,87

KOR	3,77
LUX	6,11
MEX	3,50

1. Lequel de ces deux diagrammes est plus adapté pour représenter la totalité des données du tableau 2 ?

    ☐ Graphique en ligne   ☐ Graphique à colonnes

2. Utiliser un crayon papier pour schématiser une visualisation qui vous parait la plus adaptée pour représenter la totalité des données du tableau 2.

Objectif : _____

Chaque graphique est adapté à des types et quantités de données différentes. L'intérêt d'une visualisation et de rendre votre communication plus efficace en créant une visualisation qui a du sens. Pour cela, vous devez identifier **l'objectif de votre visuel**.

Les objectifs peuvent, entre autres, prendre les formes suivantes :

    1. Évaluation de l'évolution d'une mesure dans le temps
    2. Évaluation des performances par rapport à un objectif
    3. Comparaison des tendances de plusieurs mesures
    4. Comparaison directe des attributs

5. Comparaison de l'écart entre les valeurs
6. Recherche d'anomalies et d'exceptions
7. Définition de groupes des données

Reprenez l'exercice précédent en indiquant l'objectif de chaque graphique sur la même page. En fonction de votre audience et de l'objectif choisi pour les données des tableaux 1 et 2, vous pouvez obtenir des graphiques différents. Une définition d'objectif peut permettre d'éviter la création de graphiques inexploitables

Voici une liste des techniques de visualisation possibles en fonctions de catégories de données rencontrées.

Données avec 1, 2, 3 dimensions
- Listes, nuages, icônes, tableau, tableau croisé dynamique
- Graphique à barres, camembert, histogramme, nuage de points, graphique à bulles

Données multidimensionnelles
- Nuage de points, graphique radar ou polaire, diagramme de Venn

Données temporelles
- Graphiques interactifs, courbes, Gantt, chronologie

Données hiérarchiques
- Treemap, Sunburst, Pyramide, Entonnoir
- Cartes mentales, organigramme, arbre de décision
- Données liées, Carte graphique, chaîne, tube

Le choix du format reste dans vos mains et doit servir votre objectif de communication. Il n'y a pas de bonne ou mauvaise solution, ni même d'unique solution pour votre problème. Aussi, le mieux est de comprendre les mauvaises interprétations possibles de certains visuels pour proposer une illustration qui enrichisse votre message et soit exempt d'ambiguïté.

Dans la suite, nous vous proposons de comprendre le problème de certaines visualisations afin de mieux appréhender les bonnes et mauvaises pratiques.

10.2 Manipulation de la clarté

Les représentations visuelles font appel à la perception et au traitements effectués par le cerveau sur les stimuli reçu au travers du nerf optique. Cette perception est largement biaisée par nos expériences passées et par les contraintes cognitives qui s'imposent à nous au quotidien. Ce contexte est important car il conditionne la manière dont nous **interprétons les données** en particulier lorsqu'elles sont présentées de manière visuelle.

Pour illustrer les biais de perception pouvant exister sur une visualisation, nous vous proposons un exercice pratique. Considérons, l'affichage du résultat des votes d'une élection présidentielle. Identifiez sur le visuel ci-après les proportions estimées des votes obtenus par les candidats A et B.

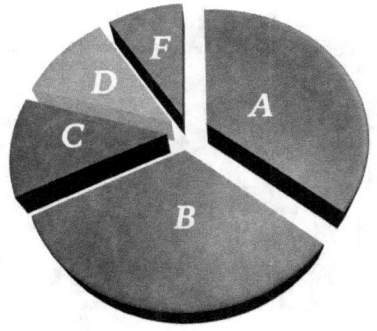

	A	B
Estimation 1	%	%
Valeurs réelles	%	%

Nous allons désormais modifier très légèrement l'affichage précédant pour le simplifier et rendre sa lecture plus aisée.

Modifiez si nécessaire vos estimations en dessous de ce nouveau visuel.

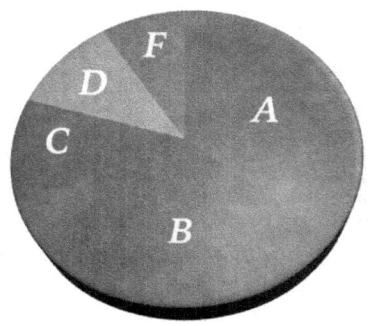

	A	B
Estimation 2	%	%
Valeurs réelles	%	%

Continuons en rendant l'exercice encore plus simple. Cette fois-ci nous retirons l'effet tridimensionnel de la visualisation.

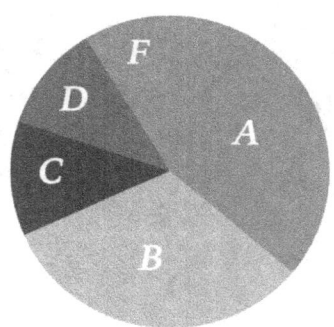

	A	B
Estimation 3	%	%
Valeurs réelles	%	%

Pour découvrir les valeurs réelles de chaque
candidat, scannez le QR-code.

Notez l'évolution de l'écart entre votre prévision et les valeurs
réelles. Que pouvez-vous en conclure ? Selon vous quelles sont
les raisons pour lesquelles votre estimation n'était pas tout à fait
correcte ?

_____

_____

_____

_____

_____

_____

_____

_____

_____

_____

Proposez une alternative ne laissant aucun doute sur la nature du
gagnant. Pourquoi est-elle plus efficace ?

Avantages :

_____

_____

La comparaison de deux aires ou de deux volumes est plus compliquée que celle de positions ou de longueurs. Dans le visuel précédent l'usage de volumes accompagné de perspectives induit l'audience en erreur. Pour être certain de ne pas passer à côté de l'intégrité du message, il est recommandé de toujours utiliser les **attributs visuels les plus précis** pour les données (variables) **les plus importantes.**

Voici un ordre de comparaison de la précision de certains attributs visuels du plus précis ou moins précis.

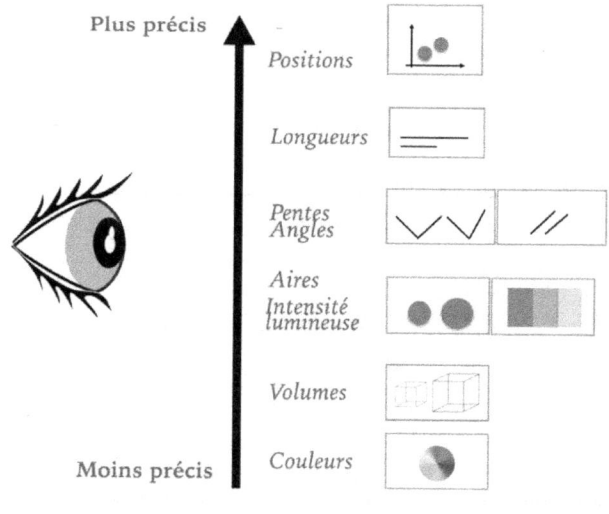

 Action : Observez le graphe suivant. Indiquez pourquoi ce dernier semble erroné ou difficilement compréhensible ?

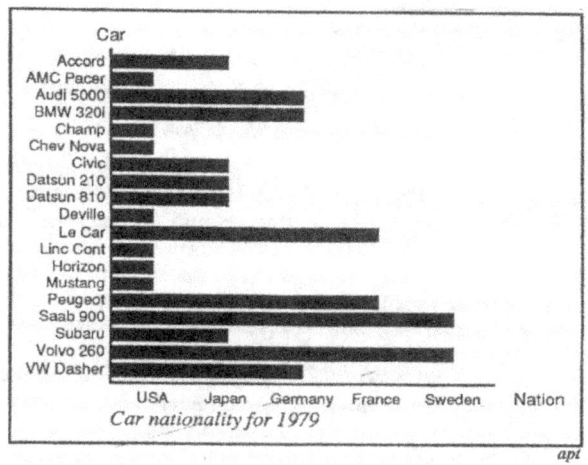

Car nationality for 1979

Proposez une alternative sans changer les axes.

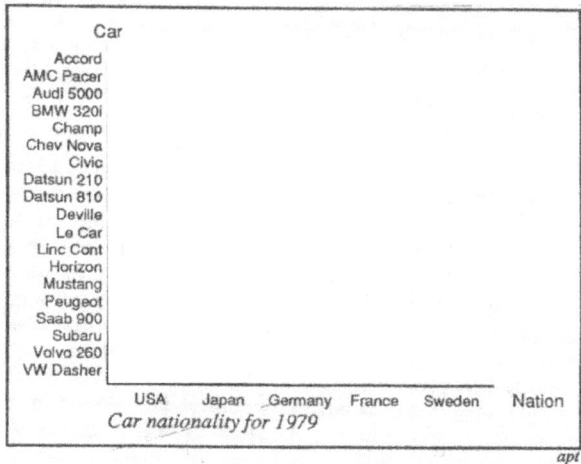

Car nationality for 1979

Comme l'exemple l'illustre certains attributs visuels ne s'adaptent pas bien à des attributs des données. Nous avons par exemple l'habitude de comparer des longueurs en accordant plus d'importance à celles plus élevées. Il est donc logique de représenter les données numériques sous forme de barre (histogramme). Cependant des données catégoriques non ordinales ne prennent pas sens avec des indicateurs visuels de ce type !

10.3 Data Storytelling

Le data storytelling est une pratique de visualisation et de communication des données qui répond aux besoins de retranscrire les résultats d'une analyse de données de manière efficace et construite afin de dépasser la simple lecture des résultats. Cette approche consiste à élaborer et à **raconter une histoire** à partir des données. Cet effort narratif permet de contextualiser les résultats en les engageant dans une réflexion stratégique.

Les bonnes pratiques de data storytelling peuvent être résumées en 5 points que l'on dénommera les 5C.

1- **Clarté** du visuel : il est essentiel de débuter avec un visuel épuré au maximum.
2- Point **central** : attirer la lecture du visuel à un endroit précis de l'image qui constitue le point culminant de l'histoire.
3- Usage pertinent des **couleurs** : la couleur est un indicateur fort à utiliser avec parcimonie et stratégie.
4- Utiliser le **contexte** : ajouter des éléments permettant de mettre en situation les résultats.
5- **Compter** une histoire : transmettre un message grâce à votre visualisation.

Les messages vont être différents en fonction de vos données, de vos résultats et des points vers lesquels vous voulez attirer l'attention de votre audience. Aussi, les mêmes données et les mêmes diagrammes peuvent transmettre une multitude de messages.

Vous avez réussi l'exercice de data storytelling si, lors d'une présentation à une audience,

1. Ceux qui ne vous écoutent pas mais regardent le visuel disposent de toutes les informations nécessaires pour comprendre votre message.
2. Ceux qui vous écoutent mais ne regardent pas le visuel ont compris votre histoire.

Dans ces conditions, ceux qui vous écoutent et suivent votre visualisation seront engagés avec votre contenu et vous aurez donc maximisé vos chances de réussite.

Nous vous proposons ci-dessous un exemple de visuel qui respecte les critères du data storytelling.

Les **produits 1 & 4** n'ont pas atteint les objectifs de satisfaction

Pourcentage des clients très satisfait ou plutôt satisfait des achats de nos produits

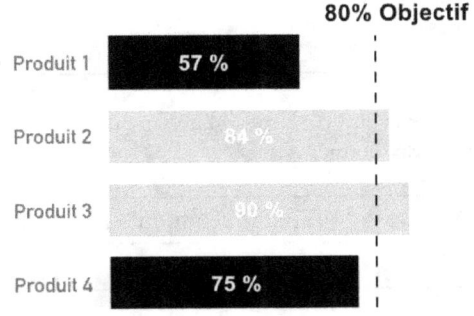

Voici un exemple de discours pouvant accompagner votre visuel :

Situation initiale : Pour rappel, nous avions pour objectif d'atteindre les 80 % de satisfaction pour nos 4 produits phares en 2018. Après une étude quantitative, nous avons enfin les chiffres que je vous communique aujourd'hui.

Déroulement : Comme vous pouvez le constater, deux de nos produits n'atteignent toujours pas la qualité escomptée, c'est clairement décevant ! Pour les deux autres, nous sommes parvenus à nos objectifs.

Intrigue : Si nous analysons en profondeur la satisfaction des deux produits en surbrillance, nous sommes totalement passés à côté de l'objectif pour notre offre 1.

Rebondissement : Nos équipes doivent dès à présent, relancer un audit de qualité de celui-ci. En règle générale, nous devrons retravailler en profondeur nos produits 1 et 3 pour comprendre ce résultat et améliorer nos performances l'an prochain.

Dénouement : Je compte sur vous, je sais que nous pouvons améliorer ces chiffres. Nous allons vous aider et mettre plus de moyens pour y arriver.

 Action : Analysez les données du tableau ci-dessus et suivez les étapes de création de votre storytelling pas à pas.

Une entreprise du secteur du luxe a mesuré le taux de rebond de son site web au fil des dix dernières années.

Année	Taux de rebond (%)
2011	60
2012	57
2013	63
2014	52
2015	48
2016	63
2017	55

2018	61
2019	55
2020	45
2021	35

Proposez une représentation graphique intégrant l'ensemble des données et qui permette une comparaison plus intuitive des résultats. Gardez le visuel aussi clair que possible sans éléments inutiles.

À partir de ce visuel, positionnez-vous maintenant en tant que responsable marketing digital et identifiez l'objectif que vous pourriez intégrer dans votre histoire. Proposez votre histoire ci-dessous :

_____

_____

Résumez votre histoire en seule phrase qui intègre la donnée la plus importante de votre visuel.

_____

_____

Identifiez le Point central de votre histoire sur le visuel. Vous pouvez utiliser une couleur. Identifiez l'emplacement le plus judicieux où vous pourriez intégrer votre phrase clé. Ajustez maintenant votre visuel pour intégrer **le point focal** et le **message**.

Pour renforcer votre message et l'intérêt de votre visualisation, utilisez le **contexte.** Ajouter des éléments permettant de mettre en situation les résultats. Par exemple, nous savons que le taux de rebond moyen dans le secteur du luxe est de 45%. Comment intégrer cet élément de contexte ? Modifiez le visuel.

Faites votre auto-évaluation avec les 5C :

Critère sur 4 points	Faible	Moyen	Bien	Très bien
Clarté du visuel				
Point **Central**				
Usage des **couleurs**				
Utiliser le **contexte**				
Compter une histoire				

10.4   Dashboard interactifs avec tableau software

Installation et prise en main

Tableau Software est actuellement l'un des outils de business intelligence les plus connus et les plus utilisés pour des analyses de données simples et une visualisation efficace. Dans cette section, vous allez vous familiariser avec le logiciel.

Tout d'abord, téléchargez et installez **Tableau Software** Desktop sur votre ordinateur. Veuillez cliquer sur le lien ci-dessous et sélectionnez Commencer.

Si vous êtes étudiant, vous avez la possibilité d'obtenir une licence gratuite.

Pendant l'installation du logiciel, accédez à la galerie publique de visualisations réalisées avec Tableau Software et explorez les dernières visualisations interactives : https://public.tableau.com/en-us/s/gallery. Prenez des notes sur l'ensemble de données que vous avez vu dans la galerie et les questions auxquelles cette visualisation aide à répondre.

Lorsque le logiciel est opérationnel, ouvrez votre navigateur Web et accédez au tutoriel getting started fournis par Tableau en suivant le lien : https://www.tableau.com/learn/training

Veuillez d'abord suivre les didacticiels vidéo « Prise en main » et « L'interface de Tableau ». Vous pouvez ignorer la partie décrivant comment publier vos résultats en ligne sur les serveurs Tableau. L'ensemble de données utilisé dans la vidéo, la transcription de la vidéo et le classeur de solution sont disponibles sous la vidéo. Suivez également le tutoriel connexe qui peut être trouvé ici : http://onlinehelp.tableau.com/current/guides/get-started-tutorial/en-us/get-started-tutorial-home.html

Lorsque vous êtes familiarisés avec Tableau Software, suivez les vidéos « Analytiques visuelles » et « Tableaux de bord et récits » de la formation.

https://www.tableau.com/learn/training

10.5   Challenge data visualisation

Nous vous proposons un exercice de visualisation de données à réaliser avec Tableau Software. Il s'agit à l'origine d'un défi Tableau avec seulement deux questions. Il a été étendu pour couvrir les fonctionnalités clés du logiciel.

Vous avez besoin du fichier de données pour cet exercice :

- Le tableau de bord contenant le jeu de données (NY Airbnb CC.docx)

 Action : Répondre aux questions suivantes. Pour chaque question, créez des feuilles distinctes dans Tableau.

---

*Avant d'ouvrir le tableau de bord Tableau, veuillez modifier l'extension du fichier en NY Airbnb CC.**twbx***

Partie 1 : Statistiques descriptives

1. Affichez les statistiques descriptives du jeu de données :

a. Nombre d'enregistrements

---

b. Le prix min, max et moyen

---

c. Le nombre min, max et moyen de lits

---

e. Le score d'examen min, max et moyen

---

f. Le nombre min, max et moyen de la note d'évaluation

---

2. Quel code postal à New York a le prix moyen le plus élevé pour une location Airbnb ? Quel est ce prix moyen ?

---

3. Quel code postal à New York a le prix moyen le plus bas pour une location Airbnb ? Quel est ce prix moyen ?

4. Quel type de propriété dans quel quartier a le loyer le plus cher ?

5. Quel type de propriété dans quel quartier a le loyer le moins cher ?

6. Combien de bateaux sont disponibles à la location à New York ?

7. Les anciens clients (hôtes) ont-ils plus d'avis que les nouveaux hôtes ? Combien ?

8. Où AirBnB propose-t-il le plus grand nombre de maisons/appartements entiers à louer ? Combien ?

9. Où AirBnB propose le plus grand nombre de chambres partagées à louer ? Combien ?

10. Où AirBnB propose-t-il le plus grand nombre de chambres privées à louer ? Combien ?

11. Quel est l'appartement le plus cher de l'ensemble de données ? Fournissez le maximum d'informations sur cet appartement.

12. Quel est l'appartement le moins cher de l'ensemble de données ? Fournissez le maximum d'informations sur cet appartement.

13. Combien d'hôtes n'ont pas d'avis ?

---

14. Où (code postal et quartier) puis-je louer une maison entière ou une chambre partagée pour un prix moyen de 225$ à 235$ par nuit ?

Partie 2 : Reproduire les visuels suivants

Exclusive places to rent on AirBnB
Castle, **Lighthouse** and Threehouse

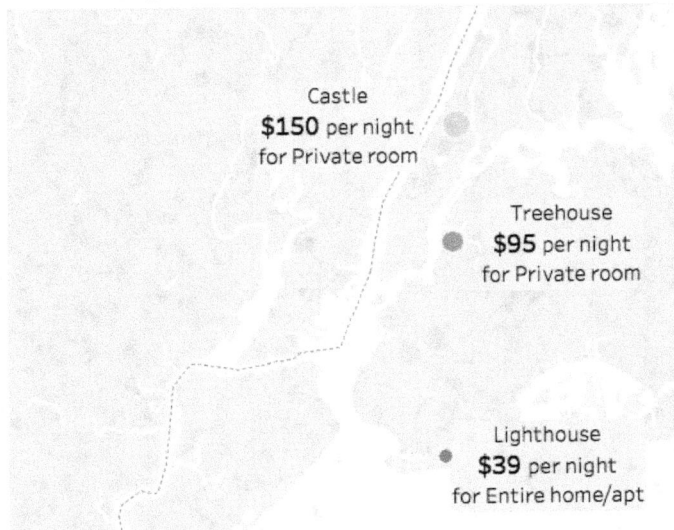

Castle
$150 per night
for Private room

Treehouse
$95 per night
for Private room

Lighthouse
$39 per night
for Entire home/apt

Difficultés rencontrées :

_____
_____
_____

Solutions trouvées :

_____
_____
_____
_____

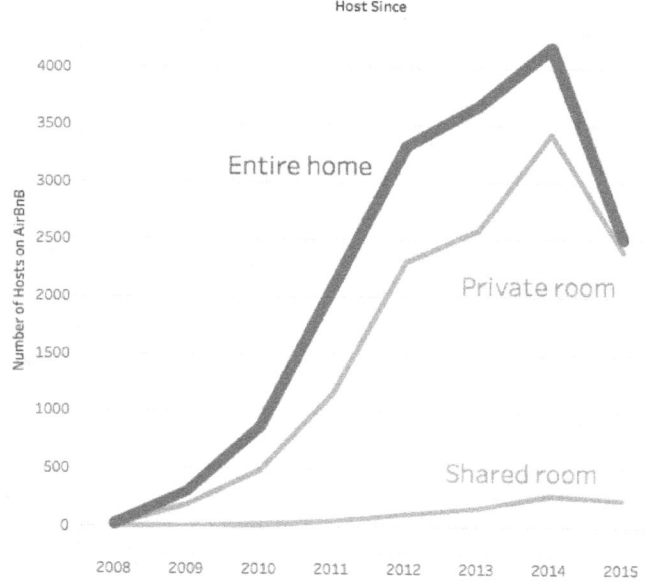

AirBnB attracted the most of its hosts in 2014

Difficultés rencontrées :

_____
_____

Solutions trouvées :

Huge number of entire appartments is available in Manhattan on AirBnB
Twice the price of the private room only

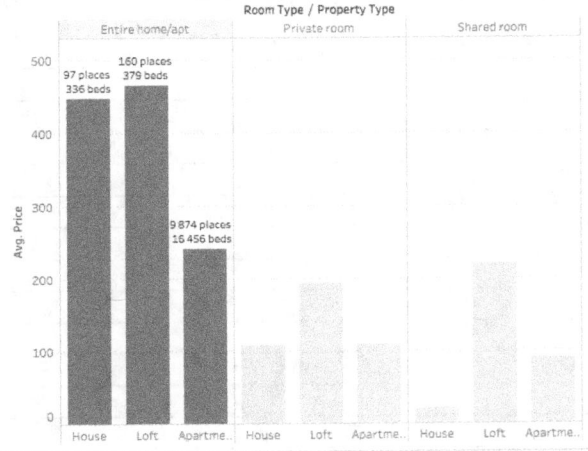

Difficultés rencontrées :

Solutions trouvées :

_____

_____

_____

_____

Partie 3 : votre tableau de bord

Créez votre propre tableau de bord en utilisant les données AirBnB. À quelles questions stratégiques pouvez-vous répondre avec votre tableau de bord ? Que pouvez-vous conclure ?

_____

_____

_____

_____

_____

_____

_____

_____

_____

_____

_____

_____

_____

_____

_____

_____

_____

_____

_____

_____

_____

10.6 Mise en pratique

L'objectif de votre projet est de mettre en évidence l'usage des modèles et techniques de l'analyse et de visualisation de données dans le cadre d'une problématique e-business. Vous devrez identifier et/ou collecter vous-même la source de données concernée par votre projet. Vous effectuerez ensuite les traitements nécessaires pour l'analyse. Vous pourrez utiliser les mesures et outils vus en cours. Vous devrez rendre au moins deux représentations visuelles et leurs interprétations dans le cadre de votre dossier. Pour cela, vous utiliserez les techniques de data storytelling.

Intitulé du projet : _____

Échantillon de données : _____

Méthodologie envisagée :

_____

_____

_____

_____

_____

_____

_____

_____

_____

_____

_____

_____

_____

Première représentation visuelle

Objectif de la représentation :

_____

_____

_____

Le message clé :

_____

_____

_____

Les moyens mis en œuvre pour passer le message :

_____

_____

_____

Auto-évaluation des 5C :

Critère sur 4 points	Faible	Moyen	Bien	Très bien
Clarté du visuel				
Point **Central**				
Usage des **couleurs**				
Utiliser le **contexte**				
Compter une histoire				

Seconde représentation visuelle

Objectif de la représentation :

_____

_____

_____

Le message clé :

_____

_____

_____

Les moyens mis en œuvre pour passer le message :

_____

_____

_____

Auto-évaluation avec les 5C :

Critère sur 4 points	Faible	Moyen	Bien	Très bien
Clarté du visuel				
Point Central				
Usage des couleurs				
Utiliser le contexte				
Compter une histoire				

UN MONDE DE DONNEES

11 PROJET

Nous vous proposons de terminer cette initiation par un exercice de fouille documentaire. Il s'agit de mettre en évidence l'usage des solutions de type Big Data, Smart Data et/ou Intelligence Artificielle sur un secteur avec un cas pratique détaillé.

Format : Présentation ppt, keynote ou PDF (20 slides maximum)

Contenu attendu :

- Introduction (1 slide)
- Rappel sur les concepts de Big et Smart Data (2-3 slides)
- Un état des lieux du marché Big Data sur le secteur étudié (2-3 slides)
- La description du cas mis en évidence (5-10 slides)
    - Problème analysé
    - Le besoin/la stratégie
    - Description du modèle
    - Les solutions et technologies mises en place
    - Les gains obtenus grâce à ce projet
- Votre regard critique sur le cas étudié (2 slides)
- Conclusion (1 slide)

Choix du sujet et premières idées

Problème analysé

Le besoin/ la stratégie

Description du modèle (comment répondre au problème, par quels algorithmes ?)

Les solutions et technologies mises en place

Gains obtenus grâce à ce projet

12 MOTS CROISÉS DE RÉVISION

Horizontal

3. Résultat direct d'une mesure.

5. Avec le montant et la fréquence, je suis la troisième variable de la technique RFM.

6. Je possède un élément de contexte supplémentaire à la donnée.

7. Outil permettant d'extraire, transformer et charger les données.

9. Troisième catégorie de données complétant les données nominales et numériques.

Vertical

1. Action de regrouper les données.

2. Loi stipulant que le nombre de transistors des microprocesseurs sur une puce de silicium double tous les 18 mois.

4. Valeur dont il existe autant de points en dessous qu'au-dessus.

8. Personne fictive qui représente un groupe cible.

Dans la même collection

Learning by doing. *Un monde en réseau : Initiation par la pratique à la théorie des graphes* de Charles Perez et Karina Sokolova.

Learning by doing. *Un monde sous Android : Initiation par la pratique au développement Android* de Karina Sokolova et Charles Perez.

Learning by doing. *Réussir son mémoire : Le guide pratique dédié aux étudiants en gestion* de Karina Sokolova et Charles Perez.

Learning by doing. *Un monde connecté : Créer un objet connecté avec Arduino et Blynk* de Charles Perez et Karina Sokolova.

Si vous avez apprécié le livret, laissez-nous un commentaire !

Prison numérique

L'Harmattan

PRISON NUMÉRIQUE

Mise en lumière de quelques nuances sombres de notre société numérique

Charles Perez, Karina Sokolova

Parution : le 18/09/20
Format : 15,5 x 24 cm
198 pages
ISBN : 978-2-343-20537-3
21,50 €

CHARLES PEREZ est ingénieur et titulaire d'un doctorat en informatique. Ses travaux de recherches concernent l'étude des réseaux sociaux et la grande transformation digitale.
KARINA SOKOLOVA est professeure associée en école de commerce. Elle est titulaire d'un doctorat en sécurité mobile. Ses travaux s'articulent autour des problématiques de confidentialité, de protection de la vie privée et du comportement utilisateur.

En à peine plus d'une génération, le numérique a pris une ampleur exceptionnelle. Le web, reflet de notre société sous cet aspect, est dit en danger par l'un de ses créateurs : Timothy John Berners-Lee. La désinformation, l'économie de l'attention, la surpersonnalisation, l'abus de biais cognitifs, la bulle de filtres et autres formes de manipulations font partie des nombreux sujets d'inquiétude. Ces dernières années, les acteurs clés du digital (Facebook, Google, Netflix, Twitter) — par le biais de certains repentis — ont mis en lumière, les pratiques sombres de leurs entreprises. Ils ont peu à peu crié leur inquiétude sur ce qu'ils ont fait du web. Cet ouvrage présente ces pratiques et propose un regard pour encourager une prise de conscience et un changement des codes.

Contact
promotion & presse
Fabien Aviet
01.40.46.79.23
fabien.aviet@harmattan.fr

Harmattan
Édition – Diffusion
5-7, Rue de l'École
Polytechnique 75005 Paris
commande@harmattan.fr
Tel. : 01 40 46 79 20
Fax : 01 43 25 82 03

Suivre les
Éditions l'Harmattan
www.editions-harmattan.fr

Nature numérique de l'homme

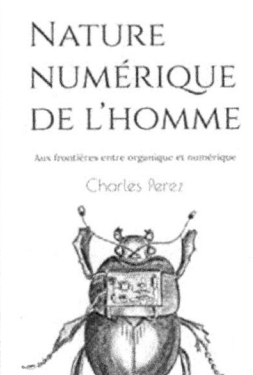

NATURE
NUMÉRIQUE
DE L'HOMME

Aux frontières entre organique et numérique

Charles Perez

Des hommes contrôlent des insectes avec des impulsions électriques pour les faire courir dans la direction de leur souhait. D'autres réécrivent les codes génétiques de la vie pour la simplifier, l'arranger ou la synthétiser. Certains travaillent pour créer une intelligence artificielle générale capable au moins de nous égaler. D'autres créent de nouveaux arts et de nouvelles œuvres s'appuyant sur les algorithmes, la nature, la musique. La vie nous souffle des partitions et des bactéries génétiquement modifiées récitent nos poèmes. Le grand livre de la nature ne nous a jamais révélé autant de secrets. Les technologies et les sciences nous ont offert une nouvelle manière de le lire, de s'en inspirer et même de l'écrire. Il était inimaginable que nos sciences et l'art s'inspirent, s'alimentent et représentent les reflets de la nature, de la réalité et de notre univers aussi bien. Il est encore plus surprenant d'observer l'homme jouer de son nouveau pouvoir de connaissance au point de rejouer certains scénarios, de renverser certains effets, et de se surpasser. Nous avons, peu à peu, et derrière une machine, fait évoluer tant de nous. L'art, la vie, le savoir, la mort sont des facettes auxquelles l'homme s'est toujours attaché. Des facettes qui se meuvent et s'émeuvent, qui paraissent et qui disparaissent. Une espèce hybride est née et nous offre une nature numérique, elle s'investigue tel un roman.